JN269561

一日3万アクセスの人気サイト待望の書籍化！

みんなの機内食

110人の「機上の晩餐」お見せします！

SE SHOEISHA

機内食ドットコム **Rikiya**

はじめに

CAさん「チキン or フィッシュ?」
乗客　「(緊張しつつ) チキン プリーズ」
CAさん「フィッシュ オンリー!」

　こんなCMがありました(NTT西日本のもの)。「フィッシュオンリー」と言われたお客さんのがっかりした顔と言ったら……。

　空の旅での楽しみといえば、やはり機内食です。

　機内食が配られるとあちらこちらで機内食の撮影が始まります。かくいう私もその中の一人。しかしながら、毎回撮影はしますが、撮影したまま、写真を活かすことができておりませんでした。

　きっと他の皆さんも、写真を撮影されてもきっとそのままなんだろうなと感じ、それなら皆さんの撮影された機内食の写真を公開できるサイト「機内食ドットコム」を作ったのが2003年のことです。

　現在では日本最大の機内食サイトとして運営させていただくまでになり、今回、書籍にまとめることになりました。あらためて書籍への掲載許可をいただいた投稿者の方々に心から御礼を申し上げます。

　旅の高揚感とともに、狭い機内でいただく食事は非日常です。

　素晴らしくコンパクトにまとめられたワンプレートの機内食から、豪華なビジネスクラスの機内食。異国情緒たっぷりの機内食。110人の皆さんによる機内食の写真から、ちょっとした旅の気分を感じていただけたらと思います。

　さて、ファイナルコール(最終搭乗案内)が鳴り響いています。そろそろ機上の晩餐にご搭乗くださいませ。

　本日のご搭乗、誠にありがとうございます。

　　　　　　　　　　　　　　　　　　　機内食ドットコム　Rikiya

CONTENTS

006 Chapter 01 東アジア

- ANA（全日空）… 006
- JAL（日本航空）… 020
- 中国国際航空 … 030
- 深圳航空 … 032
- 香港エクスプレス航空 … 034
- 香港ドラゴン航空 … 034
- ドゥルク航空 … 034
- マカオ航空 … 035
- エバー航空 … 036
- チャイナエアライン … 037
- キャセイパシフィック航空 … 039
- MIATモンゴル航空 … 042
- チェジュ航空 … 043
- アシアナ航空 … 044
- 大韓航空 … 046
- エアプサン … 051

054 Chapter 02 東南アジア・南アジア

- シンガポール航空 … 054
- シルクエアー … 059
- タイ国際航空 … 061
- ノックミニ航空 … 068
- バンコクエアウェイズ … 068
- ガルーダインドネシア航空 … 070
- ベトナム航空 … 071
- マレーシア航空 … 072
- スリランカ航空 … 076
- キングフィッシャー航空 … 076
- エミレーツ航空 … 077
- ジェットエアウェイズ … 079

082 Chapter 03 オセアニア・北米

- カンタス航空 … 082
- ニューギニア航空 … 082
- モーリシャス航空 … 083
- ノースウエスト航空 … 084
- デルタ航空 … 085
- コンチネンタル航空 … 085
- アメリカン航空 … 086
- ユナイテッド航空 … 087
- USエアウェイズ … 087

- Column 1　元CA・島田律子さん（タレント）インタビュー … 052
- Column 2　小西康陽さん（音楽家）コラム … 080
- Column 3　機内食が食べられるレストラン「レジェンド オブ コンコルド」… 088
- Column 4　機内食工場に潜入 … 116
- Column 5　買える機内食関連の食器 … 130

090 Chapter 04 ヨーロッパ

- エールフランス … 090
- ルフトハンザドイツ航空 … 095
- オリンピック航空 … 099
- ヴァージンアトランティック航空 … 099
- アリタリア航空 … 100
- KLMオランダ航空 … 102
- スイスインターナショナルエアラインズ … 103
- オーストリア航空 … 104
- フィンランド航空 … 110
- スカンジナビア航空 … 111
- ウクライナ国際航空 … 113
- チェコ航空 … 114
- アエロフロート・ロシア航空 … 115
- マルタ航空 … 115

120 Chapter 05 南米・アフリカ

- 南アフリカ航空 … 120
- アルゼンチン航空 … 121
- コパ航空 … 121
- ラン航空 … 122
- LACSA航空 … 124
- ロイヤル・エア・モロッコ航空 … 125
- エジプト航空 … 126
- モロッコ航空 … 127
- ケニア航空 … 128
- マダガスカル航空 … 129

132 Chapter 06 特別機内食

- アリタリア航空（ハネムーンミール）… 132
- ノースウエスト航空（ハネムーンミール）… 132
- オーストリア航空（ベジタリアンミール）… 133
- ドゥルク航空（ノンベジタリアンミール）… 134
- ANA（アジアンベジタリアンミール）… 134
- タイ国際航空（ヒンドゥーミール）… 135
- タイ国際航空（ムスリムミール）… 135
- エールフランス（糖尿病食）… 135
- ANA（イスラムミール）… 136
- デルタ航空（コーシャミール）… 136
- JAL（低カロリーミール）… 137
- ユナイテッド航空（ローカロリーミール）… 138
- ラオス国営航空（フルーツミール）… 139
- JAL（フルーツミール）… 140
- JAL（低カロリーミール）… 140
- デルタ航空（チャイルドミール）… 141
- JAL（チャイルドミール）… 142

Chapter 01 東アジア

🇯🇵 **ANA（全日空）** │ 成田〜ミュンヘン
ビジネスクラス

Date: 2011/07/20
Airline: All Nippon Airways
FlightNo: NH207
From: Tokyo
To: Munich
Class: Business Class
情報提供：lopakaさん

今回は和食にしましたが全般的においしかったです。トマトのパフェはやめて、代わりにアイスクリームにしました。

1	2
3	4
5	

🔴 ANA（全日空） ｜ 成田〜ミュンヘン
ビジネスクラス

Date: 2010/11/26
Airline: All Nippon Airways
FlightNo: NH207
From: Tokyo
To: Munich
Class: Business Class
情報提供：機内食ドットコム管理人 Rikiya

1-2. まずは大好きなプレミアムモルツとアミューズで開始です。
3. 前菜です。　4. パンではなく、ご飯をいただきました。牛フィレ肉にはやっぱりご飯のほうが合います。

Chapter 01 / 東アジア

🔴 ANA（全日空） ｜ フランクフルト〜成田
ビジネスクラス

Date: 2011/06/07
Airline: All Nippon Airways
FlightNo: NH210
From: Frankfurt
To: Tokyo
Class: Business Class
情報提供：Carlosさん

お腹が空いていなかったので多少残しましたが、魚の煮物はおいしかったです。いつもの便ですがこれがおそらく最後でしょう。5年弱のドイツ単身赴任が終わり一時帰国でした。再来週くらいから今度はアメリカでの単身赴任が始まります。

1	2
3	4

🇯🇵 ANA（全日空） ｜ ミュンヘン〜成田
ビジネスクラス

Date: 2010/11/30
Airline: All Nippon Airways
FlightNo: NH208
From: Munich
To: Tokyo
Class: Business Class
情報提供：機内食ドットコム管理人 Rikiya

1. 前菜。 2. メインは魚の煮物。 3. ワイン。 4. アイスクリーム。復路は和食をお願いしました。デザートはやっぱりパフェのほうが良いです（笑）。

Chapter 01 / 東アジア

🇯🇵 ANA（全日空） ｜ シンガポール〜成田
エコノミークラス

Date: 2011/07/11
Airline: All Nippon Airways
FlightNo: NH112
From: Singapore
To: Tokyo
Class: Economy Class
情報提供：ゴロさん

洋風を選択しました。メインは白身魚のフライ・シェリー風味のクリームソースでした。

🇯🇵 ANA（全日空） ｜ 伊丹〜羽田
プレミアムクラス

Date: 2011/08/07
Airline: All Nippon Airways
FlightNo: NH962
From: Osaka
To: Tokyo
Class: Premium Class
情報提供：naokiさん

左下のローストビーフがおいしかったです。

🇯🇵 ANA（全日空） ｜ 伊丹〜成田
プレミアムクラス

Date: 2011/09/30
Airline: All Nippon Airways
FlightNo: NH2176
From: Osaka
To: Tokyo
Class: Premium Class
情報提供：機内食ドットコム管理人 Rikiya

伊丹〜成田間には、国際線機材が使用されているので、プレミアムクラスに搭乗すると、国際線のファーストクラスのシートに座ることができます。このパンプキンスープが絶品でした。CAさんも、このスープは本当に人気なんですよ〜と言っておられました。このほかにシャンパンもいただきました。

🇯🇵 ANA（全日空） ｜ 羽田〜広島
プレミアムクラス

Date: 2011/05/02
Airline: All Nippon Airways
FlightNo: NH685
From: Tokyo
To: Hiroshima
Class: Premium Class
情報提供：マイぺんらいさん

一の重：ブランド肉「米の娘ぶた」味噌漬焼／トラウトサーモン幽庵焼など。二の重：山形の新しいお米「つや姫」／紅花飯等。夕刻発のプレミアムクラスなので、「匠味」の夕食。今回は山形の料亭「嘯月」の和食でしたが、丁寧に作られていておいしくいただきました。プレミアムクラスの食事は個人的には洋食よりも和食が断然おススメです。シャンパンはニコラ・フィアット。日本酒は山形の「出羽の雪　大吟醸　瓶囲い」──切れ味の良い、香り豊かな日本酒でとてもおいしい。

Chapter 01 / 東アジア

🇯🇵 ANA（全日空） ｜ 羽田〜ソウル
エコノミークラス

Date: 2011/05/05
Airline: All Nippon Airways
FlightNo: NH1161
From: Tokyo
To: Seoul
Class: Economy Class
情報提供：Maさん

期待以上においしかったです。短距離でもホットミールはやはり良いものです。

🇯🇵 ANA（全日空） ｜ 羽田〜台北
エコノミークラス

Date: 2011/08/27
Airline: All Nippon Airways
FlightNo: NH1187
From: Tokyo
To: Taipei
Class: Economy Class
情報提供：naokiさん

白身魚の照り焼きとハンバーグからのチョイスでした。配膳時、トレーの小ささに驚きましたが、いざ食べてみると十分に腹を満たすことができました。

🇯🇵 ANA（全日空） ｜ 関西〜羽田
プレミアムクラス

Date: 2011/10/23
Airline: All Nippon Airways
FlightNo: NH142
From: Osaka
To: Tokyo
Class: Premium Class
情報提供：ゴロさん

無難な朝食メニューでした。

🇯🇵 ANA（全日空） ｜ 成田〜シンガポール
エコノミークラス

Date: 2011/07/09
Airline: All Nippon Airways
FlightNo: NH111
From: Tokyo
To: Singapore
Class: Economy Class
情報提供：ゴロさん

洋風を選択しました。メインは海の幸のクリーミーバジルソースでした。

ANA（全日空） ｜ 成田〜広州
ビジネスクラス

Date: 2011/02/07
Airline: All Nippon Airways
FlightNo: NH933
From: Tokyo
To: Guangzhou
Class: Business Class
情報提供：Activaさん

17：05発、約4.5時間のフライトです。メインは鯛のポン酢バター焼きを選びました。質、量ともに適切でおいしく食べられました。

ANA（全日空） ｜ 成田〜上海
エコノミークラス

Date: 2011/04/12
Airline: All Nippon Airways
FlightNo: NH959
From: Tokyo
To: Shanghai
Class: Economy Class
情報提供：yakaraさん

牛肉とごぼうのすき煮です。

ANA（全日空） ｜ 成田〜青島
ビジネスクラス

Date: 2011/07/28
Airline: All Nippon Airways
FlightNo: NH927
From: Tokyo
To: Qingdao
Class: Business Class
情報提供：やまさん

鱧の湯引き　鮭のさしみ　海老のマリネ／豚とろハム／すずきと帆立貝のポワレ　カレーが香るクリーミーソースなど。「前菜と口取り」の、ごちゃごちゃしたのが好きです。飲みながら食べるには。

Chapter 01 / 東アジア

1	2
3	4

🔴 **ANA（全日空）** ｜ 成田〜シンガポール
ビジネスクラス

Date: 2011/08/27
Airline: All Nippon Airways
FlightNo: NH111
From: Tokyo
To: Singapore
Class: Business Class
情報提供：ゴロさん

1. アミューズですが、お供にはミモザをお願いしました。 2. 前菜は「愛媛産鱸のマリネを薔薇に見立てて　酢橘の香りとともに」鱸はもちろん、付け合わせのメロンが特においしかったです。 3. メインは「牛フィレ肉のステーキに和がらしの香る京都産加茂茄子のピューレを添えて　ガヴィワインソースとともに」 4. 最後は「アズキのアイスクリームと抹茶のアイスクリームのデュエット」 ANA中距離路線の機内食はどんどん良くなってきている印象です。

🇯🇵 **ANA（全日空）** ｜ 成田〜シカゴ
エコノミークラス

Date: 2011/05/18
Airline: All Nippon Airways
FlightNo: NH12
From: Tokyo
To: Chicago
Class: Economy Class
情報提供：ちょちょきさん

食後のアイスクリームが
ちょっとうれしいところ。

🇯🇵 **ANA（全日空）** ｜ 成田〜ロンドン
エコノミークラス

Date: 2011/11/19
Airline: All Nippon Airways
FlightNo: NH201
From: Tokyo
To: London
Class: Economy Class
情報提供：ばーしーさん

1 | 2

1. 1食目です。「Jメニュー」を選択。ハンバーグ弁当。意外にボリュームがあります。　2. 2食目はチキン。あっさりしていました。

Chapter 01 / 東アジア

1	3
2	

🇯🇵 ANA（全日空） | 成田〜パリ
エコノミークラス

Date: 2010/03/19
Airline: All Nippon Airways
FlightNo: NH205
From: Tokyo
To: Paris
Class: Economy Class
情報提供：機内食ドットコム管理人 Rikiya

1. ご飯、パン、うどん、と炭水化物オンパレードです。　2. 飲兵衛なので、ワイン3本♪　3. 単純ですが、ハーゲンダッツのアイスクリームが提供されると、何となくうれしいものです。

016

ANA（全日空） ｜ 成田〜ミュンヘン
エコノミークラス

Date: 2011/02/05
Airline: All Nippon Airways
FlightNo: NH207
From: Tokyo
To: Munich
Class: Economy Class
情報提供：TKさん

1. 1食目は、洋食をチョイス。メインはシーフードグラタン。サイドのサーモンなどもおいしかったです。　2. 2食目は、選択なし。ハンバーガーは袋入りのバンズとパティが温めてあり、レタスなどを自分ではさんでいただきます。バンズは袋ごとレンジで温めてあるはずなのに、湿ってなく、なかなかしっかりした仕上がりで、思っていたよりもおいしいハンバーガーでした。

Chapter 01 / 東アジア

1	2
3	4
5	6

🇯🇵 **ANA（全日空）** ｜ シカゴ〜成田
ビジネスクラス

Date: 2010/11/24
Airline: All Nippon Airways
FlightNo: NH11
From: Chicago
To: Tokyo
Class: Business Class
情報提供：ミルミルさん

1. アミューズです。ANAお決まりのチーズスティックと一緒にやってきたのは大きめの帆立。同じ器を使っていても、中身はいつも変化して趣向を凝らしてあるので楽しみです。　2. 前菜は、ロブスターサラダ。大きなロブスターの爪部分がなかなか豪快。　4. フィレステーキのベリーソース。私自身はお醤油ベースよりこういう洋風なほうが好みです。　5. デザートです。桜とバニラのアイス。このかわいらしいサイズに日本を感じます……。
6. コーヒーには抹茶のチョコが付いてきました♪

018

● ANA（全日空） ｜ バンコク〜羽田
ビジネスクラス

Date: 2011/08/23
Airline: All Nippon Airways
FlightNo: NH174

From: Bangkok
To: Tokyo
Class: Business Class
情報提供：貝太郎さん

1. 離陸後すぐにちくわ天うどんをオーダー。そこそこです。　2. 朝食です。サバの味噌煮はなかなかおいしかったです。

Chapter 01 / 東アジア

🇯🇵 JAL（日本航空） ｜ 成田〜台北
エコノミークラス

Date: 2009/05/29
Airline: Japan Airlines
FlightNo: JL641
From: Tokyo
To: Taipei
Class: Economy Class
情報提供：†BAN†さん

メインはおろしハンバーグです。この日は座席がガラガラでゆったり。そんな中、上空での機内食は最高でした。

🇯🇵 JAL（日本航空） ｜ 台北〜成田
エコノミークラス

Date: 2010/12/30
Airline: Japan Airlines
FlightNo: JL806
From: Taipei
To: Tokyo
Class: Economy Class
情報提供：Maさん

おいしい機内食でした。今日はサービスのタイミングも良かったと思います。

JAL（日本航空） ｜ 関西～台北
エコノミークラス

Date: 2011/05/27
Airline: Japan Airlines
FlightNo: JL813
From: Osaka
To: Taipei
Class: Economy Class
情報提供：COさん

お弁当にモンシュシュのプリンとお味噌汁付き。

JAL（日本航空） ｜ 成田～上海
ビジネスクラス

Date: 2010/09/05
Airline: Japan Airlines
FlightNo: JL877
From: Tokyo
To: Shanghai
Class: Business Class
情報提供：koheiさん

洋食メニュー。ツナのマリネと茄子のテリーヌ　バルサミコソース添え／ミートパテ　ケイパーベリーとピクルス添え／海老とモッツァレラチーズのカクテル　ジェノバ風ペストソース／国産牛フィレ肉のステーキなど。メインの国産牛のフィレ肉ステーキは柔らかく、とてもおいしくいただきました。毎度ながら、JALの機内食はレベルが高いと感じています。

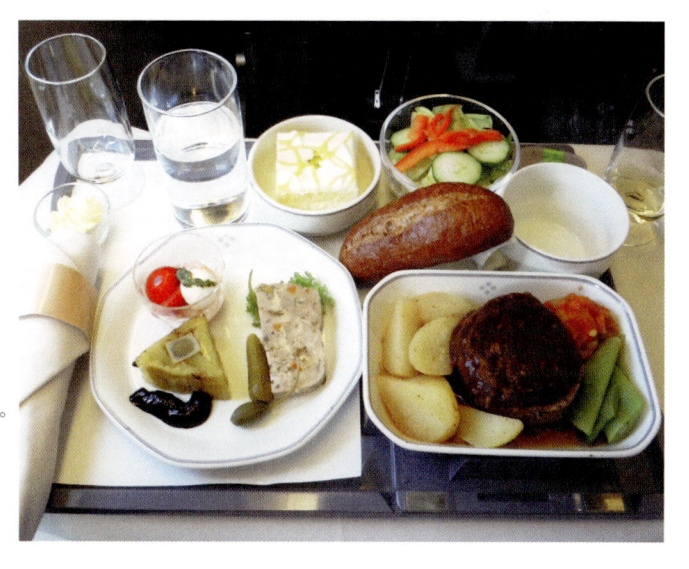

Chapter 01 / 東アジア

🔴 JAL（日本航空） │ 上海〜成田
エコノミークラス

Date: 2010/12/30
Airline: Japan Airlines
FlightNo: JL872
From: Shanghai
To: Tokyo
Class: Economy Class
情報提供：Shenmiさん

中華風の海老がおいしかったです。

🔴 JAL（日本航空） │ 成田〜香港
エコノミークラス

Date: 2009/06/06
Airline: Japan Airlines
FlightNo: JL731
From: Tokyo
To: Hong Kong
Class: Economy Class
情報提供：機内食ドットコム管理人 Rikiya

カツ丼でした。十分な調理ができない機上で、これだけの機内食が出れば十分です。

🇯🇵 JAL（日本航空）｜羽田〜香港
エコノミークラス

Date: 2011/09/14
Airline: Japan Airlines
FlightNo: JL29
From: Tokyo
To: Hong Kong
Class: Economy Class
情報提供：ぱんちゃんさん

搭乗前に羽田の「サクララウンジ」でたくさん食べた後だったので、機内食はあまり食べられませんでした。お腹が空いていれば、この、たこの唐揚げもおいしく感じられたのでは。

🇯🇵 JAL（日本航空）｜香港〜成田
エコノミークラス

Date: 2011/02/22
Airline: Japan Airlines
FlightNo: JL736
From: Hong Kong
To: Tokyo
Class: Economy Class
情報提供：ENVIRO 500さん

麻婆豆腐です。青梗菜が良かったです。

Chapter 01 東アジア

🔴 JAL（日本航空） ｜ 香港〜羽田
ビジネスクラス

Date: 2011/09/22
Airline: Japan Airlines
FlightNo: JL28
From: Hong Kong
To: Tokyo
Class: Business Class
情報提供：ぱんちゃんさん

上海路線のビジネスとは異なり、アイスクリームが付くところはうれしいです。搭乗前にキャセイのラウンジをはしごして、ハーゲンダッツを食べたばかりでしたが。

🔴 JAL（日本航空）｜香港〜羽田
エコノミークラス

Date: 2009/06/08
Airline: Japan Airlines
FlightNo: JL8730
From: Hong Kong
To: Tokyo
Class: Economy Class
情報提供：機内食ドットコム
管理人 Rikiya

ナイトフライトの便なので、おかゆが一番ありがたいかも。午前4時に朝食を、と言われても無理ですから（苦笑）。あっさりとしていて、おいしくいただきました。

🔴 JAL（日本航空）｜ソウル〜関西
エコノミークラス

Date: 2011/05/04
Airline: Japan Airlines
FlightNo: JL974
From: Seoul
To: Osaka
Class: Economy Class
情報提供：くきわかめさん

飛行時間1時間ちょっとでしたが、お弁当が出てきました。名前は「大阪盛込み弁当」です。押し寿司や蕎麦が特においしかったです。鴨ロースも臭みがなくおいしかったです。

🔴 JAL（日本航空）｜ソウル〜羽田
エコノミークラス

Date: 2011/08/21
Airline: Japan Airlines
FlightNo: JL94
From: Seoul
To: Tokyo
Class: Economy Class
情報提供：かずちんさん

おなじみの空弁ですが、ドバイから搭乗してきた某航空会社の機内食よりもおいしく感じたのは安心感のせいだったのか？

🔴 JAL（日本航空）｜成田〜釜山
エコノミークラス

Date: 2011/06/24
Airline: Japan Airlines
FlightNo: JL957
From: Tokyo
To: Busan
Class: Economy Class
情報提供：ブースカnさん

JAL空弁「遊食楽園」お好み創作御膳シリーズです。短距離（2時間未満のフライト）なので（無償で）提供があるだけでもOK。量的には少なめだが、味はおいしい。

Chapter 01 / 東アジア

1	2
3	4
5	6

🔴 JAL（日本航空） ｜ 関西〜デンパサール
ビジネスクラス

Date: 2010/04/19
Airline: Japan Airlines
FlightNo: JL715
From: Osaka
To: Denpasar
Class: Business Class
情報提供：ytayaさん

1. 3年連続でこの便を利用しましたが、今回初めてアミューズ・ブーシュがありませんでした。　2-3. 和食を選択しました。2010年4月からスタートした新メニューは「武家御膳」といって、月替わりで各地の郷土料理が炊き立てのご飯とともに提供されます。今回は「薩摩」がテーマでした。　4-5. デザートは関西〜ホノルル線で人気の「堂島ロール」が、バリ線ではマンゴー入りの「トロピカルバージョン」として提供されます。　6. 到着前の軽食です。よく見るとラーメンのナルトが飛行機のデザインになっています。

1	2
3	4
5	

🇯🇵 JAL（日本航空） ｜ 成田〜ロサンゼルス
エコノミークラス

Date: 2011/08/07
Airline: Japan Airlines
FlightNo: JL62
From: Tokyo
To: Los Angeles
Class: Economy Class
情報提供：Activaさん

17:30発、9時間45分のフライトです。離陸後1.5時間後にサーブ、和食と洋食の2択があり、後者を選びました。　**1-2.**「J級トルコライス」という名前で、ハンバーグ、スパゲッティナポリタン、ライスの組み合わせです。懐かしい味でとてもおいしく、全て食べることができました。アイスクリームも付いて、量的にも多くの人が満足できると思います。　**3-5.** 到着2時間前に出た「エアモスバーガー」です。モスバーガーとのコラボで、味は照り焼きです。説明書を見ながら自分でレタスやタレをはさんで準備します。味もいいし、アイデアも楽しくおいしく食べることができました。やはり主力路線ということもあり、味もアイデアもよく考えられています。また乗ってみたいですね。

Chapter **01** / 東アジア

JAL（日本航空） ｜ サンフランシスコ～成田
エコノミークラス

| 1 | 2 |

Date: 2011/08/19
Airline: Japan Airlines
FlightNo: JL1
From: San Francisco
To: Tokyo
Class: Economy Class
情報提供：Maさん

1. 1食目です。若鶏 シャスール風／フレッシュサラダ バルサミコソース／日本風味（蕎麦）／ソルベ／メインはシーフードカレーとの選択。メインの半分がパスタで、パンも付いてきたため、ボリューム感はありました。ただ、味付けが薄く感じ、途中で飽きてしまいました。デザートのオレンジソルベはおいしかったです。
2. 2食目です。ペンネパスタ サーモンクリームソース／フレッシュサラダ／フレッシュフルーツ／ヨーグルト。味は問題なかったのですが、1食目の付け合わせもパスタだったため、ここはもう少し考えたほうが良いかと思います。

JAL（日本航空） ｜ 羽田～パリ
ビジネスクラス

| 1 | 2 | 3 |

Date: 2011/11/20
Airline: Japan Airlines
FlightNo: JL41
From: Tokyo
To: Paris
Class: Business Class
情報提供：こふこふさん

1. 午前1：30発の便なので、最初の食事は簡単なもので、お寿司でした。案外おいしかったです。 2. JALビジネスクラスの「お好きなときにどうぞ」のメニューです。「うどん」と「明石焼き」です。 3. DEAN&DELUCAのバニラアイスクリームです。

JAL(日本航空) | パリ〜羽田
ビジネスクラス

Date: 2011/03/05
Airline: Japan Airlines
FlightNo: JL42
From: Paris
To: Tokyo
Class: Business Class
情報提供:Akubiさん

ビジネスクラスで、初めて和食を選択しました。小鉢類、どれもおいしくて感動しました。JALさん、機内食よくなりましたか?

Chapter 01 / 東アジア

🇯🇵 JAL（日本航空） ｜ パリ〜羽田
エコノミークラス

Date: 2010/12/29
Airline: Japan Airlines
FlightNo: JL42
From: Paris
To: Tokyo
Class: Economy Class
情報提供：Katjeさん

1回目の食事は和食を選択。メインは、鶏肉のショウガ風味の和風あんかけ。パリ―羽田路線は、今回期待して初搭乗しましたが、機内食は通常の路線とほぼ変わりないようです。

🇨🇳 中国国際航空 ｜ 成田〜北京
エコノミークラス

Date: 2011/11/18
Airline: Air China
FlightNo: CA926
From: Tokyo
To: Beijing
Class: Economy Class
情報提供：takeshinさん

ご飯の上に、肉そぼろと天津丼のようなあんかけ。なかなかおいしかったです。

| 中国国際航空 | 北京〜広州
エコノミークラス

Date: 2011/07/22
Airline: Air China
FlightNo: CA1327
From: Beijing
To: Guangzhou
Class: Economy Class
情報提供: Activaさん

14:05発、2時間30分のフライトです。麺とご飯の2択で前者を選びました。なかなかおいしく全て食べることができました。北京発の食事は毎回楽しみです。

| 中国国際航空 | 北京〜広州
エコノミークラス

Date: 2011/09/01
Airline: Air China
FlightNo: CA1321
From: Beijing
To: Guangzhou
Class: Economy Class
情報提供: Activaさん

9:00発、2時間30分のフライトで朝食が出ました。おかゆ、スクランブルエッグ＋ポテトソーセージの2択です。後者は味が想像できるため、前者にしてみました。おかゆに黄色の袋に入った醤油漬けゆで玉子と青い袋に入ったザーサイをのせて、おいしく食べました。右のコーヒーカップに入っているのは飲むヨーグルトです。

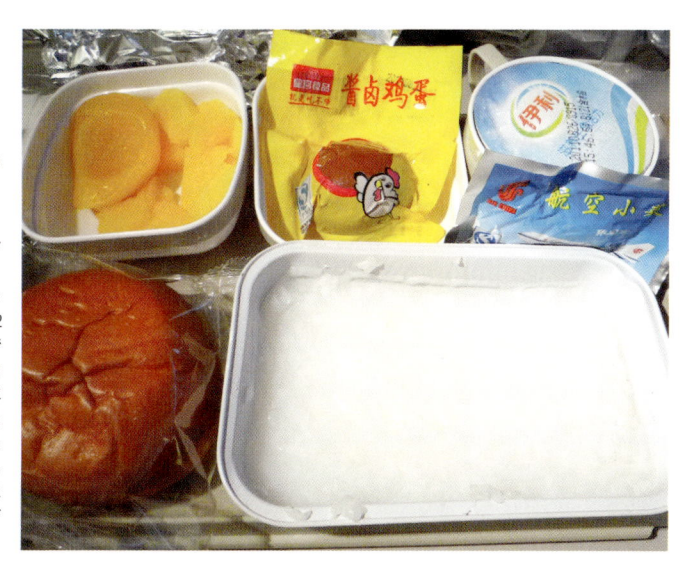

Chapter 01 / 東アジア

🇨🇳 中国国際航空 ｜ 北京〜ハルビン
エコノミークラス

Date: 2011/11/18
Airline: Air China
FlightNo: CA1639
From: Beijing
To: Harbin
Class: Economy Class
情報提供：takeshinさん

見た目はハンバーガーですが、中華特有のスパイスが効いていて、れっきとした中華料理でした。

🇨🇳 深圳航空 ｜ 広州〜武漢
エコノミークラス

Date: 2011/08/23
Airline: Shenzhen Airlines
FlightNo: ZH9657
From: Guangzhou
To: Wuhan
Class: Economy Class
情報提供：Activaさん

9:15発、1時間20分のフライトです。麺とご飯の2択で前者を選びました。平麺を固めにゆでて、上にひき肉と野菜を混ぜたタレがかかっており、これはおいしく食べられました。深圳航空は、他の国内線に比べて食事やサービスが少しベターですね。

🇨🇳 **深圳航空 ｜ 武漢〜広州**
エコノミークラス

Date: 2011/10/11
Airline: Shenzhen Airlines
FlightNo: ZH9658
From: Wuhan
To: Guangzhou
Class: Economy Class
情報提供：Activaさん

18:55発、1時間20分のフライトですが出発が1時間遅れました。食事の選択はできず、このあんかけご飯が出ました。あんかけの味が少し濃く私の口には合いませんでしたが、深圳航空は中国エアラインの中ではサービスも含めてレベルが高いですね。

Chapter 01 / 東アジア

香港エクスプレス航空 ｜ 北京〜香港
エコノミークラス

Date: 2011/11/03
Airline: Hong Kong Express Airways
FlightNo: UO305
From: Beijing
To: Hong Kong
Class: Economy Class
情報提供：†BAN†さん

麺かホットケーキの選択肢でした。麺を選んだら点心系も付いてきてうれしかったです♪　麺は中国風のお味でしたがなかなかおいしかったです。ただ早朝7時の便だったのでちょっと朝からくどかったかも(笑)。

香港ドラゴン航空 ｜ 高雄〜香港
エコノミークラス

Date: 2011/07/22
Airline: DragonAir
FlightNo: KA451
From: Kaohsiung
To: Hong Kong
Class: Economy Class
情報提供：ローソンさん

五目焼きそばです。パイナップルケーキも付いていました。

香港ドラゴン航空 ｜ 昆明〜香港
エコノミークラス

Date: 2008/01/03
Airline: DragonAir
FlightNo: KA761
From: Kunming
To: Hong Kong
Class: Economy Class
情報提供：CaptainStoneさん

ごく普通においしかった。

ドゥルク航空 ｜ パロ〜カトマンズ
エコノミークラス

Date: 2011/07/23
Airline: Druk Air
FlightNo: KB400
From: Paro
To: Kathmandu
Class: Economy Class
情報提供：goasiaさん

ブータンの航空会社。約1時間のフライトながら簡単なミールが出た。オレンジジュースはタイ製のもの。

マカオ航空 ｜ 関西〜マカオ
エコノミークラス

1	3
2	

Date: 2008/11/18
Airline: Air Macau
FlightNo: NX837
From: Osaka
To: Macau
Class: Economy Class
情報提供：梅さん

1. ドリンクサービスです。　2. その後に食事がサーブされました。チキンとビーフから選べます。画像はビーフです。　3. 食事後デザートサービスでしょうか、ドリンクと杏仁餅が。しかもエアーマカオのロゴ入り箱付きです。往路のマカオ行きのみでのサービスのようです。

Chapter 01 東アジア

エバー航空 ｜ 台北～ホーチミン
エコノミークラス

Date: 2009/07/31
Airline: Eva Airways
FlightNo: BR391
From: Taipei
To: Ho Chi Minh City
Class: Economy Class
情報提供：あけみさん

トマトで味付けされた白身魚のパスタ。土地性が感じられないメニューでしたが、パンがおいしかったのが印象的。帰りの便は、チキンカレーライスとサラダにパクチーが入っており、ベトナム風味を感じることができました。

エバー航空 ｜ 台北～成田
エコノミークラス

Date: 2009/06/29
Airline: Eva Airways
FlightNo: BR2198
From: Taipei
To: Tokyo
Class: Economy Class
情報提供：ギリギリちゃんさん

日本発の機内食よりも、おいしかったです。早めのお昼ご飯という時間帯で、おかゆがメインでした。台北で、中華料理をたくさん食べて疲れた胃には、とてもうれしかったです。ペストリーのようなデザートも、とてもおいしかったです。

1	2
3	

🇨🇳 **チャイナエアライン** ｜ 台北〜福岡
ビジネスクラス

Date: 2011/08/27
Airline: China Airlines
FlightNo: CI110
From: Taipei
To: Fukuoka
Class: Business Class
情報提供：サトピーさん

和食があまったのでしょうか、中華を選択したのに和食も持ってきてくれました。

Chapter 01 東アジア

🇨🇳 **チャイナエアライン** │ **ホノルル〜成田**
エコノミークラス

Date: 2011/08/27
Airline: China Airlines
FlightNo: CI17
From: Honolulu
To: Tokyo
Class: Economy Class
情報提供：ブースカnさん

| 1 | 2 |

1. 1回目の食事です。おかゆ、油揚げの煮物。
2. 2回目の食事です。ビーフ、ライス、ブロッコリー、にんじんなど。ビール、ワインも無料。エコノミーの食事としては、おいしいほうだと思う。特に、ケーキ、コーヒーはおいしい。おかゆもおいしいと妻が言っていました。

🇨🇳 **チャイナエアライン** │ **成田〜台北**
ビジネスクラス

Date: 2011/09/17
Airline: China Airlines
FlightNo: CI17
From: Tokyo
To: Taipei
Class: Business Class
情報提供：ばーしーさん

中華風（魚）、洋食（鶏肉）、和食（牛肉）からの選択で和食をチョイス。一之膳／鴨のロースト、雲丹ゼリーなど。二之膳・三之膳／海老真薯、胡麻豆腐、蛸の炊き合わせ、牛フィレ肉の生姜醤油ソースなど。デザートにフルーツ、和菓子。短いフライトなのに三回に分けて出ました。味は良かったです。

チャイナエアライン ｜ 成田〜台北
エコノミークラス

Date: 2011/07/07
Airline: China Airlines
FlightNo: CI107
From: Tokyo
To: Taipei
Class: Economy Class
情報提供：ばーしーさん

ビーフ（牛肉ご飯）を選択。ビーフとチキンからのチョイスなのですが、副菜、デザートが全て違いました。

キャセイパシフィック航空 ｜ 関西〜香港
エコノミークラス

Date: 2010/11/09
Airline: Cathay Pacific Airways
FlightNo: CX567
From: Osaka
To: Hong Kong
Class: Economy Class
情報提供：機内食ドットコム管理人 Rikiya

全体的にまとまっていておいしかったのですが、どうしてもお蕎麦のピンク色が気になってしまいます（苦笑）。

キャセイパシフィック航空 ｜ 香港〜関西
エコノミークラス

Date: 2011/04/18
Airline: Cathay Pacific Airways
FlightNo: CX506
From: Hong Kong
To: Osaka
Class: Economy Class
情報提供：ENVIRO500さん

ポークの味付けが、いかにも香港風でおいしかったです。

キャセイパシフィック航空 ｜ 台北〜成田
エコノミークラス

Date: 2011/11/23
Airline: Cathay Pacific Airways
FlightNo: CX450
From: Taipei
To: Tokyo
Class: Economy Class
情報提供：湯豆腐さん

このメインは当たり！油林鶏、とてもおいしかったです。

Chapter 01 / 東アジア

1	2
3	4

キャセイパシフィック航空 ｜ 成田〜香港
ビジネスクラス

Date: 2011/08/16
Airline: Cathay Pacific Airways
FlightNo: CX509
From: Tokyo
To: Hong Kong
Class: Business Class
情報提供：Akikoさん

1. シグネチャードリンクの「パシフィックサンライズ」。シャンパーニュをベースに柑橘類の甘いピールが入っていて口当たりが良いです。
2. 前菜、チキンのマリネ、季節のサラダ、紫シソ入り蕎麦。チキンが柔らかくて美味でした。
3. ハマチの煮焼きは、ちょうど良いお味付けでした。　4. 特選チーズと季節のフルーツ＆ポートワイン。ブルーチーズとポートワインの組合せが機内で味わえるのはうれしいです。評判どおり素晴らしい内容で、まるでレストランでお食事しているようでした。また、オリジナルカクテルも大変美味でした〜。

🇨🇳 キャセイパシフィック航空 ｜ シンガポール〜バンコク
エコノミークラス

Date: 2006/12/11
Airline: Cathay Pacific Airways
FlightNo: CX712
From: Singapore
To: Bangkok
Class: Economy Class
情報提供：goasiaさん

昼食です。

Chapter 01 / 東アジア

MIATモンゴル航空 ｜ ウランバートル〜ソウル
エコノミークラス

Date: 2010/06/09
Airline: Miat Mongolian Airlines
FlightNo: OM301
From: Ulan Bator
To: Seoul
Class: Economy Class
情報提供：梅さん

ホットミール2種（ビーフorチキン）より、チキンをチョイス。なかなかおいしい機内食でした。チェリージャムがうれしい。

🇰🇷 チェジュ航空 ｜ ソウル〜香港
エコノミークラス

Date: 2011/09/05
Airline: Jeju Air
FlightNo: 7C2109
From: Seoul
To: Hong Kong
Class: Economy Class
情報提供：Sabotさん

クロワッサンサンドです。ハム、トマトに野菜のみじん切りをマヨネーズであえたものです。

🇰🇷 チェジュ航空 ｜ 関西〜ソウル
エコノミークラス

Date: 2011/05/04
Airline: Jeju Air
FlightNo: 7C1481
From: Osaka
To: Seoul
Class: Economy Class
情報提供：ぷいぷいさん

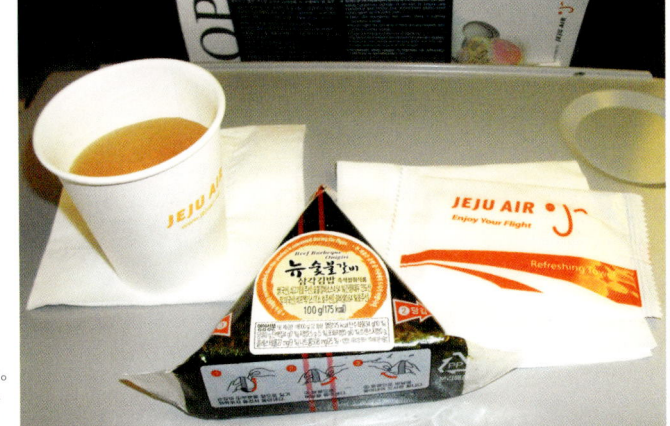

後にも先にもこれだけです。なかなかウマいです。下手に質を下げるくらいならここまでしてしまうほうが良いかも。

Chapter 01 / 東アジア

🇰🇷 アシアナ航空 ｜ シンガポール～ソウル
ビジネスクラス

1	3
2	

Date: 2011/05/07
Airline: Asiana Airlines
FlightNo: OZ752
From: Singapore
To: Seoul
Class: Business Class
情報提供：zealIIIさん

1. 前菜は薄い大根で野菜を巻いたもの。　2. メインはビビンバ。評判のアシアナ航空のビビンバは、とても美味でした。コチュジャンも程良い辛さ。　3. デザートは韓国風クッキー。かりんとうのような印象を受けました。

🇰🇷 アシアナ航空 ｜ ソウル〜羽田
エコノミークラス

Date: 2011/05/28
Airline: Asiana Airlines
FlightNo: OZ1085
From: Seoul
To: Tokyo
Class: Economy Class
情報提供：ハマトラさん

鶏のからあげに、甘酢風のあんがかかっています。あんは甘めです。スモークサーモンのサラダはおいしいです。やはりキムチが出ました。

🇰🇷 アシアナ航空 ｜ ソウル〜福岡
エコノミークラス

Date: 2010/07/16
Airline: Asiana Airlines
FlightNo: OZ136
From: Seoul
To: Fukuoka
Class: Economy Class
情報提供：ぷいぷいさん

時刻表上の所要時間が1時間10分です。それでこれだけの食事を提供できるのがすごいです。味も悪くないですよ。

🇰🇷 アシアナ航空 ｜ ソウル〜北京
エコノミークラス

Date: 2011/11/28
Airline: Asiana Airlines
FlightNo: OZ333
From: Seoul
To: Beijing
Class: Economy Class
情報提供：Sabotさん

飛行時間は短いのにきちんとした機内食が出て、驚きました。メインは海老とイカと白身魚のフリッターに甘酢あんかけ。スモークサーモンのサラダにパン、デザートにムースケーキもありました。

🇰🇷 アシアナ航空 ｜ 成田〜ソウル
ビジネスクラス

Date: 2010/07/21
Airline: Asiana Airlines
FlightNo: OZ107
From: Tokyo
To: Seoul
Class: Business Class
情報提供：TOMさん

おかゆがやさしい味で大満足です。

Chapter 01 / 東アジア

1	2
3	4
5	

🇰🇷 大韓航空 ｜ 成田〜ソウル
ビジネスクラス

Date: 2011/09/20
Airline: Korean Air
FlightNo: KE702
From: Tokyo
To: Seoul
Class: Business Class
情報提供：機内食ドットコム管理人 Rikiya

1. ウェルカムドリンクにシャンパンをお願いしようと思ったら、日本〜韓国間はアルコールのウェルカムドリンクはないようです（残念）。　2. 食事は、もちろんビビンバ。世界の機内食アワードで何度も表彰されている、定評あるビビンバです。　3. レンジでチンをするようなパック入りのご飯が提供されます。　4. コチュジャンを入れて、辛さを調整するのですが、どれぐらい入れたらいいのかわからないのが難点。　5. デザートです。やっぱり大韓航空の機内食は、素晴らしいです！

1	2
3	4
5	6

🇰🇷 大韓航空 ｜ ソウル〜バンコク
ビジネスクラス

Date: 2011/09/20
Airline: Korean Air
FlightNo: KE651
From: Seoul
To: Bangkok
Class: Business Class
情報提供：機内食ドットコム管理人 Rikiya

1. アミューズです。茄子の中にひき肉のような物が入っていて、スパイシーなタレでいただきます。　2. 前菜はメロンと生ハム。　3. ワインは、CAさんがかごに入れて持ってきてくださいます。とってもかわいいし、演出としても楽しいですよね。　4. シャンパンは、ローランペリエです♪　5. メインは、牛ステーキ。　6. デザートは果物とアイスクリーム。やっぱり、大韓航空の機内食のレベルは、世界最高峰のレベルですね。

Chapter 01 / 東アジア

1	2
3	4
5	6

🇰🇷 大韓航空 │ ソウル〜関西
ビジネスクラス

Date: 2011/09/23
Airline: Korean Air
FlightNo: KE723
From: Seoul
To: Osaka
Class: Business Class
情報提供：機内食ドットコム管理人 Rikiya

1. ウェルカムドリンクは、こんな感じでCAさんが持ってきてくださいます。　2-6. 朝食です♪ とてもおいしい朝食でした。

大韓航空 ｜ バンコク～ソウル
ビジネスクラス

Date: 2011/09/23
Airline: Korean Air
FlightNo: KE654
From: Bangkok
To: Seoul
Class: Business Class
情報提供：機内食ドットコム管理人 Rikiya

ナイトフライトなので、ソウル到着前に機内食が用意されましたが……。午前4時に、この量はちょっとキツかったです(苦笑)。個人的にはおいしいフルーツとサラダだけで十分です(笑)。

大韓航空 ｜ 関西～済州
エコノミークラス

Date: 2011/11/07
Airline: Korean Air
FlightNo: KE734
From: Osaka
To: Cheju
Class: Economy Class
情報提供：機内食ドットコム管理人 Rikiya

味は普通でしたが、大阪からの最短の国際線でこれだけのミールが提供されるのには、ちょっと驚きます。やっぱり、韓国系のエアラインは機内食が充実しています。

Chapter 01 / 東アジア

大韓航空 │ ソウル〜ナンディ
エコノミークラス

Date: 2010/07/15
Airline: Korean Air
FlightNo: KE137
From: Seoul
To: Nadi
Class: Economy Class
情報提供：まささん

1. 1食目は夕食。ビビンバを選びました。セラミックの器に入ったビビンバの具の上に、レトルトのご飯を入れ、熱々のわかめスープをかけて、お好みでコチジャンを入れて、スプーンで混ぜ混ぜ。おいしい。これは日本人にもピッタリ合うお味です。うーん、エコノミークラスの機内食としては満点の評価。恐れ入りました。 2. 2食目は朝食。私はオムレツを選びました。

大韓航空 ｜ ソウル〜羽田
エコノミークラス

Date: 2011/01/02
Airline: Korean Air
FlightNo: KE2709
From: Seoul
To: Tokyo
Class: Economy Class
情報提供：旅人さん

チキンのコチュジャン炒めにきゅうりのキムチ、冷奴はゴマしょうゆだれでした。全体的に量は少なめでした。

大韓航空 ｜ ソウル〜羽田
エコノミークラス

Date: 2011/06/25
Airline: Korean Air
FlightNo: KE2707
From: Seoul
To: Tokyo
Class: Economy Class
情報提供：わかめさん

ゴマ油風味のタレがついた豆腐が好きです。

大韓航空 ｜ ソウル〜上海
エコノミークラス

Date: 2011/10/29
Airline: Korean Air
FlightNo: KE897
From: Seoul
To: Shanghai
Class: Economy Class
情報提供：†BAN†さん

中国東方航空で予約したのですが、大韓航空とのコードシェア便でフライトも機内食も安心して楽しめました！　無難においしかったです。

エアプサン ｜ 釜山〜成田
エコノミークラス

Date: 2011/07/16
Airline: Air Busan
FlightNo: BX112
From: Busan
To: Tokyo
Class: Economy Class
情報提供：goasiaさん

ホットミールが無料提供。食事時は機内がキムチの香りが充満。

Column 1

元CAさんに聞いてみた、機内食のお話

笑顔でカートを押しながら
CAさんが思っていたこととは?

国際線フライトアテンダントとして5年半勤務経験のある、
タレントの島田律子さんに機内食の思い出をうかがいました。

ギャレーは今日も大忙し

(うわ、今日はビーフばかり出るわね!)という日、あるんですよ。機内食はビーフとチキン、ほぼ半数ずつ、クルーの数のぶんも入れて少し多めに搭載されてはいるんですが、最後のほうになって、「チキンしかありません」とは言いにくいですから。

そうなると、にこやかにカートを押しながらも内心冷や汗モノ。新人の頃は胃が痛くなるくらい、数の調整には頭を悩ませましたね。そういうときは「チキンがとってもおいしいんですよ〜」なんてお勧めしたりして。

当時はギャレー(機内で食事を用意するスペース)の壁一面にオーブンがあって、そこにアントレ(メインディッシュ)を入れ、熱々になったらどんどんカートに収めていくんです。冷めないうちに大急ぎでさばいていくんですが、100個ものアントレなので、もぉ手裏剣みたいに(!)、要領よくさばいていかないといけない。CAは皆、よく腕をジュッ!とやけどしてましたね〜。もちろんグローブはしてるんですけれど。やけどは新人の勲章でした。

こうしたギャレーワークは新人の仕事なんですが、ある意味、サービスの要なんですよ。ベテランの先輩が、お客様の前に立って優雅にサービスしている間に、私たち下っ端はギャレーで必死に頑張っていたものです。ようやくアントレを温め終わったら、コーヒーのサービス。次にゴミを片付け、そして息つく間もなく、ラバトリーの清掃。当時は3人お客様が使ったら掃除、という決まりでしたから。

とにかく肉体労働でしたね〜。狭いギャレーの中には、左右の壁にモノがぎっしり。体を右にひねってカップを取り出す! 左にひねってポットを取り出す! キビキビした動きが必要なので、「"ギャレーエクササイズ"だわよっ!」なんて、先輩に言われながら。

キャビア茶漬けと
ドンペリで手洗い?

私が勤務していたのはバブルの頃。ファーストクラスに幼児連れのご家族、「うちの子、キャビアが好きなのでたくさんお願い」なんて言われる時代でしたね。

島田律子　SHIMADA ritsuko

タレント・エッセイスト。日本酒スタイリスト。1968年、千葉県生まれ。国際線フライトアテンダントとして5年勤務の後、1994年4月からテレビ番組のレギュラー主演をきっかけにタレント活動をスタート。現在テレビやラジオ出演のほか、恋愛、結婚、美容、健康、食、酒、映画、エコロジーに至るさまざまな分野で、幅広く雑誌やWEBにコラムやエッセイを執筆。著作として女性向けの日本酒入門本『日本酒美人』（ぴあ）、『35歳は、結婚適齢期』（アスコム）、『私はもう逃げない〜自閉症の弟から教えられたこと』（講談社文庫）など。

　キャビアなど高級食材が余ると、お客様には聞こえない内線電話を使ってCA同士「……えー、例のものが余りましたのでギャレーへ来てください」なんてやって（笑）。一度封を開けて余ったらそれは廃棄しなくてはいけませんが、もったいないので、CA皆でいただくんです。ファーストクラス用に炊飯器もあるので、炊きたてご飯にキャビアをのせてお茶をかけて、「キャビア茶漬け」なんてこともありましたね。

　それから「CAはドンペリで手を洗っている」という噂。ハイ、本当でした。お客様が飲み切れず残ったお酒はドンペリとはいえ、捨てるしかないですよね。それを、流す前にドボドボドボ……とCA同士で手に掛け合っていたんですよ。そうすると本当に手がスベスベになるんですよ！（笑）。

　お酒に関する思い出もたくさんあります。機内では皆さん、よくお酒を飲まれますよね！（笑）　私の経験では、特に「ソウル線のお客様はすっごく飲む！」という印象。2時間しかないのに、夜の便はもちろん、朝の便でもおかまいなし。もうぐでんぐでんに酔っ払っていらっしゃるのに何度も「おかわり〜！」というお客様には、ほとんど色つき水のような薄い水割りにして差し上げたことも（笑）。機内は気圧が低いので酔いやすいんです。CAはお客様の健康管理も仕事のうちですから。

　CA時代はどんなときでもお客様ひとりひとりを大事に思っています、という心構えでサービスするよう、口をすっぱくして先輩から教えられていました。どんなにギャレーでバタバタとあわただしく動いていても、一度お客様の前に出たら、そんなことは悟られないように、身だしなみや所作に気をつけて。気持ちよく機内で過ごしていただけるサービスができるように、と頑張っていたんです。

　とはいえ、CAも人間ですから、こちらのサービスに対して「ありがとう」と微笑んでくださったりすると、やはりうれしいんです。欧米のお客様はそうした方が多いですね。でも日本のお客様だとぶっきらぼうに「コーラ！」と言われる方もいらっしゃったりしますよね。照れ屋さんが多いのかしら（笑）。でもその割にナンパは、とーっても多かったのですけれども!?（笑）。

Chapter 02 東南アジア・南アジア

🇸🇬 シンガポール航空 ｜ シドニー〜シンガポール
ビジネスクラス

Date: 2011/11/15
Airline: Singapore Airlines
FlightNo: SQ232
From: Sydney
To: Singapore
Class: Business Class
情報提供：Shin02さん

1	2
3	4

5	6
7	8
9	

機内食・サービスの質はやはり今まで乗った航空会社の中で1、2位を争うものでした。　**1.** 離陸前に離陸後の飲み物を聞かれます。SQ（シンガポール航空）ということで、シンガポールスリングをオーダー。温かいピーナッツと一緒に持ってきてくれます。　**2.** 前菜は中東スタイルのサーモングリル。　**3.** メインはラムをチョイス。ラムはシドニーのレストランと提携したメニューらしく、かなりおいしかったです。クセ等は全くありませんでした。　**4.** 家族は事前オーダーでサーモンを選択。　**5-6.** デザートは、アイスorチーズケーキの選択。チーズケーキのほうがおいしかったようです。　**7.** これだけでかなりお腹いっぱいでしたが、ひと通り写真が撮りたかったので頑張ってチーズもいただきました（笑）。ドライフルーツを添えて3種類ほどから、切ってくれます。
8-9. 最後の軽食は、うどんorフォカッチャ（チーズandチキン）の選択。うどんは辛めの味付けでした。満足度の高い機内食をいただくことができました。

Chapter 02 | 東南アジア・南アジア

1	2
3	4
5	

🇸🇬 シンガポール航空 ｜ シンガポール〜成田
ビジネスクラス

Date: 2008/01/02
Airline: Singapore Airlines
FlightNo: SQ12
From: Singapore
To: Tokyo
Class: Business Class
情報提供：パパさん

1.4.5. 家族で和食と洋食をチョイスしました。　2. シンガポール航空と言えば、このサテーなしには語れません。　3. キッズミールのパスタです。

056

1	2
3	4

🇸🇬 シンガポール航空 ｜ シンガポール〜福岡
ビジネスクラス

Date: 2011/11/16
Airline: Singapore Airlines
FlightNo: SQ656
From: Singapore
To: Fukuoka
Class: Business Class
情報提供：Shin02さん

1-3. 福岡線は朝食のみです。到着2時間前or離陸後すぐが選べますが、皆さん着陸前だったようです。5種類から朝食は選ぶことができます。和食・アメリカン・コンチネンタル・ヌードル・フォカッチャ。どうしても私はチキンライスが食べたかったので、事前オーダーで選択しておきました。朝からチキンライスをいただきました。これができるのはうれしいですね。やはり、人気通りのお味でした。量は思ったほど多くなかったです。　4. 家族は、ロブスターでした。こちらも、味付けはかなりよくできていました。

Chapter 02 / 東南アジア・南アジア

1	2
3	4
5	

シンガポール航空 ｜ 成田〜シンガポール
エコノミークラス

Date: 2008/05/20
Airline: Singapore Airlines
FlightNo: SQ637
From: Tokyo
To: Singapore
Class: Economy Class
情報提供：機内食ドットコム管理人 Rikiya

1. 鮮やかな色合いの名物シンガポールスリング。　2. この日は、シンガポール航空のA380の日本線就航初便ということもあり、機内食も特別バージョン。コンラッド東京のゴードン・ラムゼイの特別メニューの、洋食をチョイスしました。チキンソース・ハチミツ風味、ローストポテト添え。　3. うれしいハーゲンダッツ。　4-5. 紅白饅頭がデザートとして配られました。なかなか、機内で紅白饅頭を食べる機会もないと思います（笑）。

058

🇸🇬 シンガポール航空 ｜ シンガポール〜コルカタ
エコノミークラス

Date: 2007/12/14
Airline: Singapore Airlines
FlightNo: SQ516
From: Singapore
To: Kolkata
Class: Economy Class
情報提供：kitoichiさん

InternationalとIndianふたつ選べる中からIndianを選んだのですが、カレーがかなり辛かったです。

🇸🇬 シルクエアー ｜ プノンペン〜シンガポール
エコノミークラス

Date: 2010/11/07
Airline: SilkAir
FlightNo: MI601
From: Phnom Penh
To: Singapore
Class: Economy Class
情報提供：REIさん

写真はチキンです。肉はジューシーで黒胡椒のソースが食欲をそそります。できたてアツアツな感じで非常に満足できる味でした。デザートはメロン味のケーキです。これもおいしかったです。

Chapter 02 　東南アジア・南アジア

🇸🇬 シンガポール航空 ｜ 関西〜シンガポール
エコノミークラス

Date: 2007/12/14
Airline: Singapore Airlines
FlightNo: SQ617
From: Osaka
To: Singapore
Class: Economy Class
情報提供：kitoichiさん

結構おいしかったです。

🇸🇬 シンガポール航空 ｜ シンガポール〜マニラ
エコノミークラス

Date: 2010/11/20
Airline: Singapore Airlines
FlightNo: SQ910
From: Singapore
To: Manila
Class: Economy Class
情報提供：ぷいぷいさん

朝食です。写真を取り損ねたシンガポール発クライストチャーチ行で出てきた朝食とほぼ同じです。可もなく不可もなく、至って普通でした。

シンガポール航空 ｜ バンコク〜成田
エコノミークラス

Date: 2008/06/27
Airline: Singapore Airlines
FlightNo: SQ632
From: Bangkok
To: Tokyo
Class: Economy Class
情報提供：goasiaさん

夕食です。アジア発便のフルーツプレートミールは果物の種類が多くて良い。

シルクエアー ｜ シンガポール〜ヤンゴン
エコノミークラス

Date: 2010/01/14
Airline: SilkAir
FlightNo: MI512
From: Singapore
To: Yangon
Class: Economy Class
情報提供：goasiaさん

朝食です。

タイ国際航空 ｜ 成田〜バンコク
エコノミークラス

Date: 2010/06/14
Airline: Thai Airways
FlightNo: TG643
From: Tokyo
To: Bangkok
Class: Economy Class
情報提供：goasiaさん

昼食です。タイゲーンマッサマン（鶏肉とじゃがいも入り）。

Chapter 02 東南アジア・南アジア

タイ国際航空 ｜ バンコク〜シドニー
ビジネスクラス

Date: 2011/11/08
Airline: Thai Airways
FlightNo: TG475
From: Bangkok
To: Sydney
Class: Business Class
情報提供：Shin02さん

1	2
3	4

5	6
7	8
9	10

1. おつまみ。　2. サラダにはオリーブオイル入りドレッシングが付いていて、とてもおしゃれでした。パンも4種類ほどから選択でき、ガーリックトーストがやはりGood。　3. ドリンク。　4-5. メインが、魚 (Codfish with Condiment sauce)・牛 (Beef Fillet with Onion Tomato Sauce)・海老入りカレー・鶏 (Chicken Thigh with Red Capsicum Sauce) の4種類からの選択でした。私が、ビーフを選択。家族が魚でした。フィレですが、3枚も入っていました。結構なボリュームで、味付けも程良くとてもおいしくいただきました。魚も同様に量が多く、料理名同様スパイシーな味付けでなかなかいけました。
6-7. チーズとデザート。　8-10. 朝食は、キッシュ・オムレツ・Cold Cut Platter (たぶんサンドイッチ系？) の3種類から選択でした。私がキッシュ・家族がオムレツです。朝からしっかり食べられました。夜から朝まで、かなり満足なものでした。

Chapter 02 ｜ 東南アジア・南アジア

1	2
3	4
5	6

🇹🇭 タイ国際航空 ｜ バンコク〜羽田
ビジネスクラス

Date: 2011/08/20
Airline: Thai Airways
FlightNo: TG660
From: Bangkok
To: Tokyo
Class: Business Class
情報提供：Donmaiさん

1. ウェルカムドリンク。 2. チキンサテーピーナッツソース添え。焼き鳥とはまた違った魅力。 3. 前菜。 4. メインはチキンレッドカレー。 5. チーズ取り合わせ、フレッシュフルーツ。 6. ブルーベリーヨーグルトケーキ。紅茶は味が濃くおいしかった。ところで、TGのシンボルカラー・紫色の食べ物が多いような……。

064

1	2
3	4
5	6

🇹🇭 タイ国際航空 ｜ 福岡〜バンコク
ビジネスクラス

Date: 2011/11/07
Airline: Thai Airways
FlightNo: TG649
From: Fukuoka
To: Bangkok
Class: Business Class
情報提供：Shin02さん

1. 枝豆です。　2. 前菜は上品な感じでした。　3. メインは、魚（鮭のグリル）・豚（タイカレー）・牛（和食／すきやき）・麺（ちゃんぽん麺）の4種類からの選択でした。メインは私が、タイカレーを選択。タイカレーはハズレがないようです。評判通り本格的なお味でした。　4. 同行の家族は、和食のすき焼きを選択。すき焼きは味付けも良く、上手く調理されてましたが肉が固かったのがマイナス。　5. チーズ。
6. デザートのケーキは一口サイズのような小さめのものでした。余ってたのか、到着前にまたお茶と一緒に別のケーキをもらえました。

Chapter 02 / 東南アジア・南アジア

タイ国際航空 ｜ バンコク〜成田
ビジネスクラス

1	2
3	4

Date: 2011/10/08
Airline: Thai Airways
FlightNo: TG660
From: Bangkok
To: Tokyo
Class: Business Class
情報提供：ノブマユさん

1. おつまみ タイ風さつまあげ。 2. 前菜 鴨のテリーヌ、スモークサーモン、ウォルドーフサラダとメスクラン。 3. 主菜 海老と中華風ポークソーセージ、ブラックマッシュルーム、蓮の実入り玉子炒飯。 4. タイ風かぼちゃケーキとカプチーノ。メインは器も味もエコノミーと同じ気がしました。

タイ国際航空 ｜ バンコク〜シンガポール
ビジネスクラス

Date: 2011/06/11
Airline: Thai Airways
FlightNo: TG404
From: Bangkok
To: Singapore
Class: Business Class
情報提供：ゴロさん

1 | 2

1. スターターは、TG定番のフルーツとヨーグルト。 2. メインは、3種類の中から福建風焼きそばにしました。

タイ国際航空 ｜ シンガポール〜バンコク
ビジネスクラス

Date: 2011/12/25
Airline: Thai Airways
FlightNo: TG404
From: Singapore
To: Bangkok
Class: Business Class
情報提供：ノブマユさん

1 | 2

1. 前菜です。海老のマリネ＆サーモン。 2. クリスマスだったので、メインはローストチキンを選択。クリスマス限定メニューを出す航空会社もあるようですが、TGはいたって普通のフライトでした。機内にも、クリスマス装飾など見当たりませんでした。

Chapter 02 東南アジア・南アジア

🇹🇭 ノックミニ航空 ｜ チェンマイ〜ウドンタニ
エコノミークラス

Date: 2011/02/06
Airline: Nok Mini Airlines
FlightNo: 5E957
From: Chiang Mai
To: Udon Thani
Class: Economy Class
情報提供：チェンマイツアー野郎さん

1時間20分のフライトです。LCCですが無料での提供。飲み物は水のみ。復路も全く同じものが出ました。

🇹🇭 バンコクエアウェイズ ｜ バンコク〜シェムリアップ
エコノミークラス

Date: 2011/08/02
Airline: Bangkok Airways
FlightNo: PG903
From: Bangkok
To: Siem Reap
Class: Economy Class
情報提供：マイぺんらいさん

ハム入りのクロワッサン／コーヒー味のカップケーキ／ヨーグルト／フルーツ／オレンジジュース／紅茶かコーヒー／ボックスメニューとはいえ、1時間の飛行時間で温かい飲み物と一緒にサーブしてくれます。ちょっと感激。おまけに、クラスを問わず空港でラウンジが使えるので、お勧めの航空会社です。

🇹🇭 バンコクエアウェイズ ｜ バンコク〜ルアンプラバン
エコノミークラス

Date: 2011/08/17
Airline: Bangkok Airways
FlightNo: PG941
From: Bangkok
To: Luang Phabang
Class: Economy Class
情報提供：Donmaiさん

約2時間のフライト。朝食としてのサービスだが、ホットミールの立派な機内食。頼めばケチャップも持ってきてくれるし（某路線では「ありません」と言われた覚えが）、パンは複数の種類を選べた。サービス良し。バンコクエアウェイズの特徴は、エコノミークラスの利用者でもラウンジが使えること。出発前の軽食もOKだが、食べ過ぎに注意。

🇹🇭 バンコクエアウェイズ ｜ ルアンプラバン〜バンコク
エコノミークラス

Date: 2011/08/19
Airline: Bangkok Airways
FlightNo: PG942
From: Luang Phabang
To: Bangkok
Class: Economy Class
情報提供：Donmaiさん

昼食としてのサービスです。メインディッシュは手羽先のフライ。甘辛タレ（写真中央）に浸けていただきます。ご飯はもち米がバナナの葉に包まれるラオス風な盛り付け。そしてこれまた甘辛い味付けのサラダも。

Chapter 02 / 東南アジア・南アジア

ガルーダインドネシア航空 ｜ デンパサール〜関西
ビジネスクラス

Date: 2011/11/18
Airline: Garuda Indonesia Airways
FlightNo: GA882
From: Denpasar
To: Osaka
Class: Business Class
情報提供：namnamさん

1 | 2

1.深夜便なので離陸後は軽食のサンドウィッチのみ。ドリンクはブラッディ・メアリーを頼みました。おいしいです。 2.朝食はインドネシア料理でナシゴレンと唐揚げを選択。スパイシーでおいしい。シリアルを断ってヨーグルトをいただきました。

ガルーダインドネシア航空 ｜ 成田〜デンパサール
ビジネスクラス

Date: 2010/08/26
Airline: Garuda Indonesia Airways
FlightNo: GA885
From: Tokyo
To: Denpasar
Class: Business Class
情報提供：Q太郎さん

1 | 2

和食をチョイス。 1.前菜。 2.メインは鶏照り焼きです。

🇻🇳 **ベトナム航空** ｜ ホーチミン〜関西
　エコノミークラス

Date: 2010/11/07
Airline:
Vietnam Airlines
FlightNo: VN940
From: Ho Chi Minh City
To: Osaka
Class: Economy Class
情報提供：ゆきんこさん

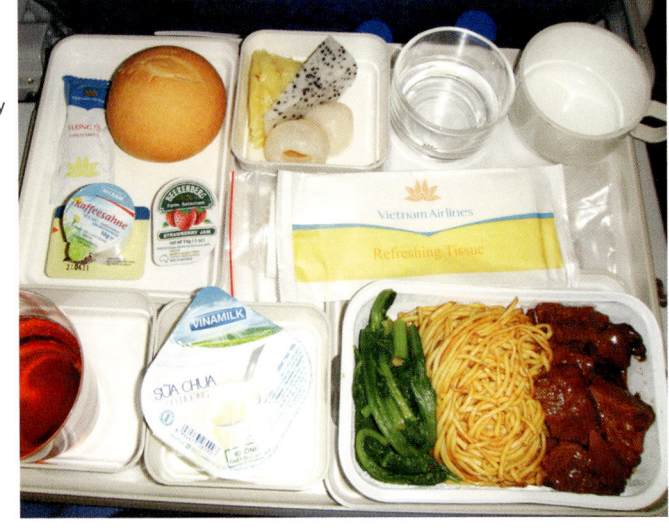

ファイブスパイスビーフ＆フライドヌードル＆野菜／プレーンヨーグルト／マンゴスチン／パン／ウーロン茶　おいしかったです。

🇻🇳 **ベトナム航空** ｜ ホーチミン〜関西
　エコノミークラス

Date: 2011/11/15
Airline:
Vietnam Airlines
FlightNo: VN320
From: Ho Chi Minh City
To: Osaka
Class: Economy Class
情報提供：TOMOKOさん

朝食です。和食か洋食で和食をチョイス。季節のフルーツ／野菜の煮物／しば漬け／ニューイヤーサラダ／鮭の塩焼き／ご飯／デニッシュ／バター／ストロベリージャム　この5年で30往復以上していますが、ほぼ固定メニュー！　早朝5時に叩き起こされての朝食ですが、なかなかおいしい……！

Chapter 02 東南アジア・南アジア

1	2
3	4
5	

🇲🇾 マレーシア航空　｜　クアラルンプール〜クチン
エコノミークラス

Date: 2009/09/24
Airline: Malaysia Airlines
FlightNo: MH2564
From: Kuala Lumpur
To: Kuching
Class: Economy Class
情報提供：まささん

水平飛行の時間は1時間もなかったと思いますが、今まで20数年、機内食を食べて一番美味だったのがこれ。まずドリンクの種類が豊富。私はグァバジュースを。　1-2. ボックスに入った茶菓子は、クッキー2種類と、マレーシアらしいお菓子が1種類。どれも美味。普通ならこれで終わりかなと思うところですが、機内食の配布が始まりました。　3-5. ホットミール2種類からチョイスが可能で、私はチキンカレーを選びました。これがうまいのなんのって。ボックスには、チョコウエハースとチョコレートも入っており、思わず笑顔になってしまいました。

1	2
3	4
5	6

🇲🇾 マレーシア航空 ｜ クアラルンプール〜上海
ビジネスクラス

Date: 2010/02/19
Airline: Malaysia Airlines
FlightNo: MH388
From: Kuala Lumpur
To: Shanghai
Class: Business Class
情報提供：Shin02さん

1. ウェルカムドリンク。 2. 離陸してすぐに、紅茶orコーヒーが配られました。 3. フルーツとフルーツヨーグルトとパン。パンは、4種類ほどから選べます。ジャムorはちみつが選べました。 4. メインは、3種類の中から、チーズオムレットを選びました。卵の中にチーズが入っていて、とてもおいしかったです。 5. 家族は、ローストチキンを選んでました。 6. デザートはブルーベリーチーズケーキとアイスクリームの選択でした。ケーキを選択しましたが、紅茶と合ってGood! 全体的においしかったです。

Chapter 02 　東南アジア・南アジア

🇲🇾 マレーシア航空 ｜ クアラルンプール〜成田
エコノミークラス

| 1 | 2 |

Date: 2011/02/24
Airline: Malaysia Airlines
FlightNo: MH88
From: Kuala Lumpur
To: Tokyo
Class: Economy Class
情報提供：goasiaさん

1. 夜食です。ツナサンド・野菜サンドイッチ。マレーシア航空で出るピンクグアバジュースはとてもおいしい。　2. 朝食です。マレー風のナシレマックを選択。本格的な辛さであった。

🇲🇾 エアアジア ｜ クアラルンプール〜シェムリアップ
エコノミークラス

Date: 2009/10/16
Airline: AirAsia
FlightNo: AK280
From: Kuala Lumpur
To: Siem Reap
Class: Economy Class
情報提供：goasiaさん

有料機内食のナシレマック＋水です。

1	2
3	4
5	

🇲🇾 エアアジア ｜ クアラルンプール〜ペナン
エコノミークラス

Date: 2010/08/09
Airline: Air Asia
FlightNo: AK280
From: Kuala Lumpur
To: Penang
Class: Economy Class
情報提供：シケタさん

1-2. アジア最大のLCC、エアアジアの有料機内食です。航空券を購入する際に事前予約したチキンライスコンボで、価格は日本円で220円ほどでした。ミネラルウォーターとチリソースが付いています。量は多くはありませんが、朝食としては十分でした。ご飯がチキンの出汁で炊かれており、おいしかったです。フライトが実質で30分ほどでしたので、機内食を食べている乗客はほんの数名。私も5分で食べてしまいました。 3-5. 機内食のメニューが座席ポケットに入っています。

075

Chapter 02 東南アジア・南アジア

🇱🇰 スリランカ航空 ｜ デリー～コロンボ
エコノミークラス

Date: 2011/06/02
Airline: SriLankan Airlines
FlightNo: UL196
From: Delhi
To: Colombo
Class: Economy Class
情報提供：すしまるさん

チキンかベジタブルのチョイスだったのでチキンを選択。肉団子が2個入っていて、おいしかったです。サラダはインド風の豆とジャガイモのレモン添え。デザートは、インドのミルク菓子でした。あとはマンゴージュース。

🇮🇳 キングフィッシャー航空 ｜ バンガロール～コルカタ
エコノミークラス

Date: 2010/06/23
Airline: Kingfisher Airlines
FlightNo: IT3416
From: Bangalore
To: Kolkata
Class: Economy Class
情報提供：すしまるさん

スカイトラックス社の5つ星エアラインのひとつ、キングフィッシャー航空の機内食です。正確にはキングフィッシャー・レッドと呼ばれるLCCですが、ホットミールはうれしいです。サービスは抜群。インド式の煮込みご飯はとてもおいしかったです。

エミレーツ航空 ｜ ドバイ〜ナイロビ
エコノミークラス

Date: 2010/07/18
Airline: Emirates Airline
FlightNo: EK719
From: Dubai
To: Nairobi
Class: Economy Class
情報提供：yukariさん

ビーフです。トマトソースが酸っぱめで私は好みですが、夫は酸っぱすぎると言っていました。

エミレーツ航空 ｜ ドバイ〜関西
エコノミークラス

Date: 2007/07/10
Airline: Emirates Airline
FlightNo: EK316
From: Dubai
To: Osaka
Class: Economy Class
情報提供：wakoさん

蕎麦／焼き鳥（和風チャーハンとともに）／チョコレート／ドリンク　チャーハンと焼き鳥がおいしかったです。

エミレーツ航空 ｜ ドバイ〜マスカット
ビジネスクラス

Date: 2011/08/13
Airline: Emirates Airline
FlightNo: EK862
From: Dubai
To: Muscat
Class: Business Class
情報提供：かずちんさん

なかなかおいしくいただきました。それにしても、飛行時間40分程度でこれだけの食事をサービスするなんてすごいですね。

Chapter 02 ／ 東南アジア・南アジア

	1	
2		3

■ エミレーツ航空 ｜ サヌア〜ドバイ
ビジネスクラス

Date: 2006/07/29
Airline: Emirates Airline
FlightNo: EK962
From: Sana´a
To: Dubai
Class: Business Class
情報提供：haraboさん

サヌア→ドバイのランチは、アラブ風をチョイス。　1. ホモスなどの前菜、サラダ。　2. メインはラム。でも、出てきたときはビックリ！　ラムはどこ？　このライスの中からゴロゴロ出てきました。味はまあまあでした。　3. アラブ風デザート3種、味は微妙です。最後はチョコレートでシメます。

078

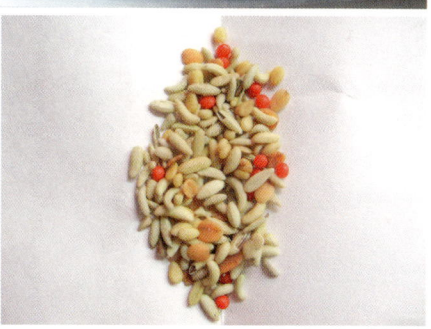

🇮🇳 ジェットエアウェイズ ｜ ムンバイ〜デリー
エコノミークラス

	1	
2	3	

Date: 2009/05/09
Airline: Jet Airways
FlightNo: 9W351
From: Mumbai
To: Delhi
Class: Economy Class
情報提供：Catpochiさん

1. 初めて乗ったジェット・エアウェイズです。午後2時前発の短いフライトでしたが、まともなインド料理の機内食が出ました。選択肢は、ベジタブルとノンベジタブルです。アルコールは一切出ません。　2-3. 2枚目の写真の袋に入っているものは、インドのレストランでよく食後に出される、フェンネルと呼ばれる種です。これが付いてきたのは、今まで乗ったインド系の航空会社（Air India & Air India Express）の中でも初めてでした。

Column 2

小西康陽さんの機内食コラム

1960年代、東京－札幌。
忘れられないサンドウィッチ。

音楽家として世界を旅してきた小西康陽さんが思う、
豪華な食事とワインよりも、嬉しく、美味しい食事とは。

　記憶に残っているいちばん古い機内食の思い出は、東京の羽田空港から日本航空の旅客機に乗って札幌・千歳空港に向かったときのものだ。あまり正確なことは思い出せないが、小学生のときだったから1960年代後半、ということになる。
　そのとき機内で配られたのは、白い紙箱のパッケージに入ったサンドウィッチだった。ハムと卵、それにキュウリだった記憶がある。飲み物は何を飲んだのか、いまではまったく思い出すことが出来ない。
　東京－札幌間の飛行時間は昔も今も変わらず約一時間十分。この路線で機内食が出たことはあまりない。この原稿を前にしている今の今まで、漠然と朝や昼、あるいは夕食の時分に搭乗すると軽食が供されるのだ、と思い込んでいたのだが、実際はどうなのだろう。
　ごく簡単な食事のサーヴィスではあったけれど、子供だった自分はそれがとても嬉しかった。何よりもその日、そんなサーヴィスを受けるとは思ってもみなかった、という驚きが嬉しさに変わった。記憶を捏造しているかもしれないが、サンドウィッチを包む白い長方形の紙箱と、紙ナプキンには日本航空の鶴のマークが印刷されていたのではなかったか。
　そんな子供の頃よりも、大人になってからのほうがずっと長距離の空の旅を経験しているし、ずっと豪華な機内食も知っている。けれど、あれほど嬉しく、美味しかった食事というものをぼくは思い出すことが出来ない。
　最近のエアラインのサーヴィスは至れり尽くせり、ゴージャスな食事にワインのもてなし、最新の映画や音楽にTVゲーム。フルフラット・シートで眠ることも出来れば、機内から電話を掛けることも可能だ。
　けれども、子供の頃の空の旅よりもワクワク、ウキウキすることがずっと少な

小西康陽 KONISHI yasuharu

音楽家。'85年に「ピチカート・ファイヴ」のメンバーとしてデビュー。同バンド解散後は、作詞・作曲・編曲、DJ、リミキサーとして活動。'11年、PIZZICATO ONEの名義で初のソロ作品『11のとても悲しい歌』(ユニバーサルミュージック)を発表。片岡義男氏との共著『僕らのヒットパレード』(国書刊行会)が発売中。
READYMADE JOURNAL　www.readymade.co.jp/journal

　くなってしまったのは、こちらがすっかり世慣れてしまったからなのだろうか。いまこの本を手にとっている皆さんのように、飛行機の旅それ自体を愛する、という気持ちが足りないのかもしれない。
　敢えて言うなら、海外へ向かうジェット機に乗って間もなく、豪華な機内食やワインを振舞われても、こちらとしては何だか、さあ早くおやすみなさい、と促されているような気持ちになってしまうこともしばしば。何を贅沢なことを、と言われるかもしれないのは承知で書いておりますよ。そう思うのなら食べなければ良いだけの話だが、ノー・サンキューと言うことが出来るほど、自分は洗練されてもいない。
　ウキウキするような機内食の思い出と言えば、それは大抵、アメリカの国内便や、ヨーロッパの都市を結ぶ近距離の便の中で出た食事のことになる。多くの場合、旅客機自体も決して大きくはない。したがって出てくる食事もごく簡単なものだ。サラダと、サラミ・ソーセージを挟んだサンドウィッチだけとか、ロールパンにモツァレラ・チーズとトマトとレタスを挟んだもの。どうもサンドウィッチばかりが思い出されるが、要するにそんなもの。アメリカ合衆国の国内便なら、これに小さなパッケージのチップスかプレッツェルが付く。ヨーロッパの便なら、チーズかヨーグルト、といったところか。飲み物だけは小瓶のワインやローカルなビールが選べるのが嬉しい。まだ酒を飲んでいた頃、ドイツの国内便で供されるフルーティーな白ワインがとても嬉しかったっけ。
　眠るための食事、眠るためのアルコールではなくて、旅を楽しくさせてくれるための食事をぼくは楽しみにしている。たとえば、こんなのはどうだろう。チャーリー・ブラウンとライナスがお昼に食べるような、ピーナッツ・バターのサンドウィッチとリンゴひとつ。そんなもので構わない。それではあんまりだ、というのなら、チョコレート・バーをひとつ加えてもいい。そんな軽食が茶色い紙の袋に収められている。ただし、茶色の袋にはしっかりとエアラインのロゴマーク。そして小さなヒコーキのオマケか、チーフ・パイロットの顔写真の入ったトレーディング・カードのようなものが入っている、という軽食のアイデア。長距離便の最初の食事で眠りにおちた後、ふたたび目を醒ました後の機内で食べるカップ麺やおにぎりをむしろ楽しみにしている人なら、この提案に耳を貸して貰えると思っているのだが。

Chapter 03 北米・オセアニア

🇦🇺 カンタス航空 ｜ エアーズロック〜パース
エコノミークラス

1 | 2

Date: 2008/09/04
Airline: Qantas Airways
FlightNo: QF1923
From: AyersRock
To: Perth
Class: Economy Class
情報提供：ボンコレさん

1. スナックとレモネード。 2. スパゲッティミートソース。

🇵🇬 ニューギニア航空 ｜ ポートモレスビー〜成田
エコノミークラス

1 | 2

Date: 2010/04/28
Airline: Air Niugini
FlightNo: PX54
From: Port Moresby
To: Tokyo
Class: Economy Class
情報提供：まさsan

1. 機内が空いていたので、ドリンクサービスではビールとワイン、そしておつまみも2個いただきました。 2. 白身魚にトマトソースがかかっており、サフランライスが付け合わせ。マカロニサラダ、ケーキ、パン、クラッカー、チョコレート、ミネラルウォーター。味はまったく問題なし。おいしかったです。文句なしで5つ星の評価。まだまだエコノミークラスも希望が持てます。

🇲🇺 モーリシャス航空 ｜ シンガポール〜モーリシャス
エコノミークラス

1 | 2

Date: 2010/09/18
Airline: Air Mauritius
FlightNo: MK647
From: Singapore
To: Mauritius
Class: Economy Class
情報提供：まささん

1. 海鮮あんかけがかかっているチキンはしっかりとした味付けでおいしい。塩焼きそばのようなパスタ、温野菜、パン、海老のカクテルサラダ、ストロベリータルト。バターとチーズ。コーヒーも濃厚。おいしかった〜！ 2. 到着前の軽食はハムチーズサンド。現地時間で13時30分頃なのでこれくらいで十分。味もとてもおいしい。サービスも5つ星なら、機内食も文句なしの5つ星。最高のフライトでした。

🇺🇸 デルタ航空 ｜ サンティアゴ〜アトランタ
エコノミークラス

1 | 2

Date: 2011/09/24
Airline: Delta Airlines
FlightNo: DL146
From: Santiago
To: Atlanta
Class: Economy Class
情報提供：ビーエスさん

1. 1食目はパスタを選択。 2. 到着前の2食目（早朝）は、ホットチーズサンドとバナナ。

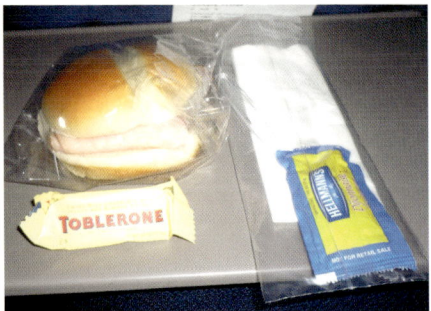

Chapter 03 北米・オセアニア

🇺🇸 ノースウエスト航空 ｜ デトロイト～成田
エコノミークラス

1	2
3	

Date: 2009/05/04
Airline: Northwest Airlines
FlightNo: NW11
From: Detroit
To: Tokyo
Class: Economy Class
情報提供：足立のジョーさん

1. ビーフかチキンのセレクトでビーフを選びました。バーベキューソース煮込みの野菜添えでした。 2. ミッドフライトスナックでハムとチーズのサンドでした。 3. 鶏肉のチャーハンでした。

084

デルタ航空 ｜ アトランタ〜サンティアゴ
エコノミークラス

1 | 2

Date: 2011/09/15
Airline: Delta Airlines
FlightNo: DL147
From: Atlanta
To: Santiago
Class: Economy Class
情報提供：ビーエスさん

1. 1食目はパスタを選択（他の選択肢はチキンだったか？）。深夜便なので、適量。味は可もなく不可もなく、見た目どおりの味。　2. 到着前の2食目（早朝）はマフィンとバナナ。

コンチネンタル航空 ｜ グアム〜ナンディ
エコノミークラス

1 | 2

Date: 2011/07/15
Airline: Continental Airlines
FlightNo: CO948
From: Guam
To: Nadi
Class: Economy Class
情報提供：MORIさん

1. 深夜便でしたがハンバーガーでした。　2. 到着前のパンです。どちらもおいしかったです。

Chapter 03 北米・オセアニア

🇺🇸 アメリカン航空 ｜ ダラス〜成田
エコノミークラス

Date: 2010/08/09
Airline: American Airlines
FlightNo: AA61
From: Dallas
To: Tokyo
Class: Economy Class
情報提供：†BAN†さん

1	2
3	4

1. ビーフをチョイスしたら、お肉とマッシュポテトがメインでした。アメリカからの帰りのせいかお寿司がやたらおいしく感じました。
2. 横からのショットは知人の食事です。メインは…忘れてしまい見ても不明(笑)。 3. 夜中に配布されるボックスセットは、ハムチーズサンドでした。 4. 朝食はチキンです。シカゴ→ダラス→成田の乗り継ぎ便ですが、ただ座ってるだけなのにアメリカンは次から次へと飲み物や食べ物どうぞどうぞ！状態で苦しかったです(笑)。

🇺🇸 ユナイテッド航空 ｜ バンコク〜成田
ビジネスクラス

1 | 2

Date: 2011/01/23
Airline: United Airlines
FlightNo: UA882
From: Bangkok
To: Tokyo
Class: Business Class
情報提供：Tigerさん

1. 鶏肉のカシューナッツ入りサテーソースとイエローヌードル。かなりヘビーな朝食でした。
2. 到着前にサーブされた軽食はローストビーフサンド。これはおいしかったです。

🇺🇸 USエアウェイズ ｜ ロサンゼルス〜シャーロット
エコノミークラス

Date: 2010/03/10
Airline: US Airways
FlightNo: US1486
From: Los Angeles
To: Charlotte
Class: Economy Class
情報提供：Wakurinさん

アメリカの国内線の場合、機内食は原則有料になっています。食べたくなるようなメニューがなかったので、$3でポテトチップを購入し、無料のフルーツジュースで飢えをしのぎました。

Column 3

地上で機内食が食べられる!?
レストラン「レジェンド オブ コンコルド」

機内食が食べたくなったら、関西空港に行ってみるのはどうでしょう?
ファーストクラス気分が味わえます。

取材・撮影=機内食ドットコム管理人 Rikiya

　なんだか機内食が食べたくなってきた、という方。地上にいながら、機内食が食べられるレストランがあることをご存知でしょうか。そんなひとときの旅気分を味わえるレストランが関西空港の「レジェンド オブ コンコルド」。このレストラン運営会社は、実際に関西空港発着の機内食サービスを提供している会社なのです。ここでは、ビジネスクラスや、ファーストクラスの機内食を地上にいながらにして食べることができます。

　2011年には「機内食フェア」として、シンガポール航空、キャセイパシフィック航空、トルコ航空、ガルーダインドネシア航空などのフェアを開催。その際には、食器を含め、実際のエアラインで提供されるそのままの機内食のメニューが登場したんだとか。遠方からのお客さんも多く、大賑わいだったそうです。この機内食フェアは定期的に開催されるそうなので、興味のある方は問い合わせてみるとよさそうです。

Restaurant

1. 超音速旅客機・コンコルドの日本の最終フライト地が関西空港だったことにちなんで、誕生したレストランです。テーブルの形もコンコルド! 2. CAさんに負けず劣らずのスタッフの笑顔が印象的でした。 3-4. 店内は広々。飛行機好き、トランジット待ちのお客様で賑わいます。飛行機の離着陸を見ながら食事できます。
4. あちこちにコンコルドのイメージが。

Dishes

取材時撮影させていただいたのは、ファーストクラスの機内食。通常機内ではメイン料理は魚か肉という形でチョイスですが、ここでは魚も肉も出てボリューム満点。パンも4種類から選べ、口直しもある本格的なフレンチです。

関西空港を一望できるため、飛行機好きにはたまらないシチュエーション。夜景も美しいので、カップルでの利用や、ウエディングパーティでも人気だそうです。

機内食が食べられるレストラン
レジェンド オブ コンコルド

The Legend of CONCORDE

大阪府泉佐野市泉州空港北1　関空展望ホール
スカイビューエントランスホール　3F　　**TEL** 072-455-2096
ご予約・お問い合わせ　TEL 072-456-7760（受付 11:00 - 20:00）
営業時間　11:00 - 21:00（L.O.20:00）　ランチ営業、日曜営業

089

Chapter 04 ヨーロッパ

1
2

■ エールフランス ｜ パリ～ジュネーブ
ビジネスクラス

1. 遅い朝の便で朝食（昼食？）が出ましたが、入れ物がアップルのノートブックのようなお弁当箱。　2. 中味は、定番のものでした。

Date: 2010/05/07
Airline: Air France
FlightNo: AF1842
From: Paris
To: Geneva
Class: Business Class
情報提供：Geherarigoさん

■■ エールフランス ｜ パリ〜関西
エコノミークラス

1. ホットミールは選択できませんでした。和食の魚と洋風のサラダ。 2. もう少しボリュームが欲しかったです。

Date: 2009/03/16
Airline: Air France
FlightNo: AF292
From: Paris
To: Osaka
Class: Economy Class
情報提供：しゅうとくさん

Chapter 04 / ヨーロッパ

1	2
3	4

🇫🇷 エールフランス ｜ パリ〜成田
エコノミークラス

Date: 2010/09/27
Airline: Air France
FlightNo: AF272
From: Paris
To: Tokyo
Class: Economy Class
情報提供：わかめさん

1. エコノミー席でもシャンパンが飲めてうれしいです。 2. 食事はチキンとココナッツミルクのカレーみたいなものとパスタのサラダ。 3. 和食・洋食にかかわらず、希望すれば味噌汁を出してくれます。具はなかったけど、なかなかおいしい味噌汁でした。 4. 着陸前の朝食はハム・チーズがメイン。いずれも見た目以上においしかったです。

■■ エールフランス ｜ 成田〜パリ
エコノミークラス

Date: 2008/05/14
Airline: Air France
FlightNo: AF275
From: Tokyo
To: Paris
Class: Economy Class
情報提供：
tanikaze2007さん

味噌汁のサービスがあり、具は入っていませんが汁の味は良かったです。

■■ エールフランス ｜ トゥールーズ〜パリ
エコノミークラス

Date: 2009/07/06
Airline: Air France
FlightNo: AF6137
From: Toulouse
To: Paris
Class: Economy Class
情報提供：機内食ドットコム
管理人 Rikiya

サンドイッチなどの軽食類はなく、お菓子とドリンクの提供でした。

Chapter 04 / ヨーロッパ

■■■ エールフランス │ パリ〜成田
エコノミークラス

1 | 2

Date: 2011/08/27
Airline: Air France
FlightNo: AF276
From: Paris
To: Tokyo
Class: Economy Class
情報提供：KONDITOREIさん

1. 一食目の洋食です。鶏肉グリーンカレーソース。まあまあの味。エコノミーでもシャンパンが飲めます。 2. 二食目の朝食です。りんごのコンポート、フロマージュ・フレ、パンは2個あっておかわりあり、オレンジジュース、ハムとチーズが2種類ずつ。完璧な朝食です。味・ボリュームともに満足でした。

■■■ エールフランス │ パリ〜成田
エコノミークラス

Date: 2009/12/12
Airline: Air France
FlightNo: AF276
From: Paris
To: Tokyo
Class: Economy Class
情報提供：ヨッシーさん

ワインを2本もらいました。おいしかったです。メニューは牛肉のラグーです。

■■■ エールフランス │ カサブランカ〜パリ
エコノミークラス

Date: 2009/10/13
Airline: Air France
FlightNo: AF1197
From: Casablanca
To: Paris
Class: Economy Class
情報提供：タカサーさん

飛行時間が3時間ほどだったのに、コールドミールで残念。メニューの選択はなしでした。出発地・モロッコはイスラムの国なので、豚肉は含まれていないとの添え書きも。白ワインはおいしかったです。

1	2
3	4

🇩🇪 ルフトハンザドイツ航空 ｜ フランクフルト〜関西
エコノミークラス

Date: 2011/06/26
Airline: Lufthansa
FlightNo: LH740
From: Frankfurt
To: Osaka
Class: Economy Class
情報提供：ytayaさん

1. 出発（13:55）後のスナック＆カンパリオレンジです。　2. 昼食です。前菜（ミックスレタス、フェタチーズ、バルサミコドレッシング）／主菜（牛焼肉、人参、玉ねぎ、ブロッコリー、椎茸）、ご飯／ストロベリーチーズケーキ／ウーロン茶、スパークリングワイン／日本茶、コーヒーをいただきました。　3. 軽食・ドリンク類はギャレーに用意してあるのでセルフで好きなものがいただけます。ケーキもLEIBNIZのビスケット（チョコサンド）もおいしかったです。　4. 到着前の朝食です。スクランブルエッグ風のもの、プチトマト、ポテト、ほうれん草、リンゴ（ダイスカット）、パン、クリームチーズ、バター、イチゴジャム／トマトジュース、紅茶。

Chapter 04 / ヨーロッパ

■ ルフトハンザドイツ航空 ｜ ミュンヘン～リスボン
エコノミークラス

| 1 | 2 |

Date: 2011/02/05
Airline: Lufthansa
FlightNo: LH1792
From: Munich
To: Lisbon
Class: Economy Class
情報提供：TKさん

1. 鶏胸肉のソテー。ジューシーでおいしかったです。　2. 機内で瓶ビールがあるのは、さすがルフトハンザ。

■ ルフトハンザドイツ航空 ｜ シアトル～フランクフルト
エコノミークラス

| 1 | 2 |

Date: 2010/11/15
Airline: Lufthansa
FlightNo: LH491
From: Seattle
To: Frankfurt
Class: Economy Class
情報提供：ぷいぷいさん

1. 昼食は至って普通でした。良くもなく悪くもなくというものです。　2. 朝食は感動です。エコノミークラスにしては絶品でした。

ルフトハンザドイツ航空 ｜ グラーツ～フランクフルト
エコノミークラス

Date: 2011/06/26
Airline: Lufthansa
FlightNo: LH1261
From: Graz
To: Frankfurt
Class: Economy Class
情報提供：ytayaさん

グラーツ10：25発／フランクフルト11：50着の軽食です。セサミパンの中にはバターが入ってました。ルフトハンザ シティラインによる運航でした。

ルフトハンザドイツ航空 ｜ マドリード～ミュンヘン
エコノミークラス

Date: 2010/10/01
Airline: Lufthansa
FlightNo: LH4429
From: Madrid
To: Munich
Class: Economy Class
情報提供：J.KKさん

朝7時出発なのでちょうど良いボリュームです。短いフライトですが、食事のサービスがあると楽しみが増えます！ ルフトハンザのサービスはなかなかです。

Chapter 04 / ヨーロッパ

🇩🇪 ルフトハンザドイツ航空 | ミュンヘン〜トビリシ
エコノミークラス

Date: 2009/12/05
Airline: Lufthansa
FlightNo: LH2556
From: Munich
To: Tbilisi
Class: Economy Class
情報提供：Activaさん

グルジアの首都・トビリシへ行きました。飛行時間は3時間ほどですが夕食が出ました。チキンとご飯です。量も十分で満足できました。

🇩🇪 ルフトハンザドイツ航空 | ミュンヘン〜パリ
ビジネスクラス

Date: 2010/06/21
Airline: Lufthansa
FlightNo: LH4242
From: Munich
To: Paris
Class: Business Class
情報提供：ユーイチさん

オートミールでした。意外においしかったです。

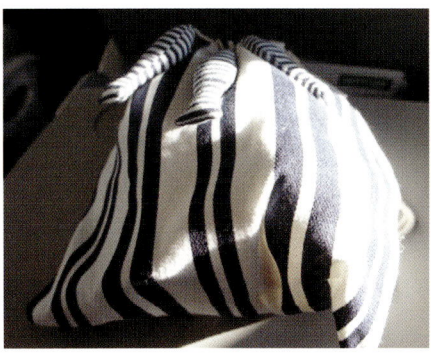

🇩🇪 ルフトハンザドイツ航空 | ミュンヘン〜ミラノ
ビジネスクラス

Date: 2010/07/20
Airline: Lufthansa
FlightNo: LH1864
From: Munich
To: Milan
Class: Business Class
情報提供：Iopakaさん

食事の内容はともかく、機内食の入っていた袋が何気にかわいかったです。

🇩🇪 ルフトハンザドイツ航空 ｜ フランクフルト〜バルセロナ
エコノミークラス

Date: 2010/09/25
Airline: Lufthansa
FlightNo: LH4458
From: Frankfurt
To: Barcelona
Class: Economy Class
情報提供：J.KKさん

2時間弱のフライトですが、サンドイッチ（ハムかチーズ）とスナックが出ました。もちろん、国際線ということでアルコールのサービスもあります！

🇬🇷 オリンピック航空 ｜ ドバイ〜アテネ
エコノミークラス

Date: 2007/03/15
Airline: Olympic Air
FlightNo: OA346
From: Dubai
To: Athens
Class: Economy Class
情報提供：梅さん

到着前の機内食（朝食）です。経由地のクウェートで機内食の積み込みがありました。クウェート離陸後にドリンクサービスとミールサービス（朝食）が提供されました。ホットミールでパンはおかわりできました。

🇬🇧 ヴァージンアトランティック航空 ｜ ロンドン〜成田
エコノミークラス

1 | 2

Date: 2010/02/15
Airline: Virgin Atlantic Airways
FlightNo: VS900
From: London
To: Tokyo
Class: Economy Class
情報提供：わかめさん

1. 離陸後の食事はビーフシチュー。パンがのっかっています。黒いパッケージはチョコとラズベリーソースのデザートでおいしかったです。
2. 着陸前の朝食はイングリッシュブレックファーストにしましたが……、味付けが自分の好みではありませんでした。

Chapter 04 ／ヨーロッパ

1	2
3	4
5	6

■ アリタリア航空 ｜ 関西〜ローマ
ビジネスクラス

Date: 2010/08/24
Airline: Alitalia
FlightNo: AZ793
From: Osaka
To: Rome
Class: Business Class
情報提供：リキさん

1. 前菜です。タッジア産のオリーブとカチョカヴァッロチーズ、アンチョビのマリネ、一口大のポテトピッツァ。　2. メニュー表です。飲み物と食べ物の2冊があります。　3-4. パスタは2つからチョイスできます。私はヴェルミチゥッリ（極細パスタ）フレッシュトマトソース添えを選びました。少々麺が柔らかかったけれど、味はとてもおいしかったです。続いてメインのお肉。デザートも充実していました。　5-6. 夜食におにぎりやサンドイッチを配ってくれました。スナックコーナーにスナック菓子やクッキー、サンドイッチやバケットの用意がありました。アリタリアの機内食サービスは、味もCAさんの対応も良かったです。

1	2
3	4
5	

🇮🇹 アリタリア航空 ｜ 関西～ローマ
エコノミークラス

Date: 2010/12/14
Airline: Alitalia
FlightNo: AZ793
From: Osaka
To: Rome
Class: Economy Class
情報提供：OBUさん

1. イタリアらしく、オレンジジュースはブラッドオレンジジュースでした。　2. イタリア製のビール。　3. 1回目の機内食。さすがパスタもおいしく、スモークサーモンもおいしかったです。　4. フライトのちょうど真ん中あたりで出たサンドイッチ。　5. 到着1時間前位に出た2回目の機内食。ピタパンにハムや野菜を自分ではさんで食べるコールドミールでした。ハムがおいしかったです。1回目の機内食ではなかったケーキがちょっとうれしかったです。

Chapter 04 / ヨーロッパ

KLMオランダ航空 │ アムステルダム〜サンフランシスコ
ビジネスクラス

Date: 2011/09/10
Airline: KLM Royal Dutch Airlines
FlightNo: KL605
From: Amsterdam
To: San Francisco
Class: Business Class
情報提供：Osakaboyさん

前菜のイクラとサーモンは大変おいしかったです。到着前の軽食は付け合わせの海老がプリプリしていて今回、一番の当たりでした。

🇨🇭 スイスインターナショナルエアラインズ ｜ サンパウロ〜サンティアゴ
ビジネスクラス

Date: 2008/02/14
Airline: Swiss International Airlines
FlightNo: LX96
From: Sao Paulo
To: Santiago
Class: Business Class
情報提供：いつかさん

トマトとチーズのラザニア、ブルーベリームース、フルーツ。朝の出発なので朝食の扱い。ラザニアは見た目よりあっさりした味で朝食向き。それなりにしっかり食べられて、なるほど朝食って感じだった。

🇨🇭 スイスインターナショナルエアラインズ ｜ 成田〜チューリッヒ
エコノミークラス

Date: 2009/02/14
Airline: Swiss International Airlines
FlightNo: LX161
From: Tokyo
To: Zurich
Class: Economy Class
情報提供：にゃぷ〜んさん

見かけよりは味は良かったですが、ボリュームは今いち。パンは後でおかわりがきました。

Chapter 04 / ヨーロッパ

オーストリア航空 ｜ ウィーン〜成田
ビジネスクラス

Date: 2009/12/12
Airline: Austrian Airlines
FlightNo: OS51
From: Vienna
To: Tokyo
Class: Business Class
情報提供：リキさん

1	2
3	4
5	6

1. ドリンクサービスです。　2. 離陸後の食事です。前菜ハムとチーズ。　3. シュタイヤマルク風フライドチキンのサラダはチキンが胸肉なのでかなり固いです。オーストリアではチキンは胸しか出てこないそうです。カロリーオフの観点からと聞きました。なのでジューシーさは全然なくてパサパサです。　4-5. カボチャのカレースープ。カレー味はあまり好きではないですが、これはおいしかったです。機内食ドットコムでよく見ていたマッシュルームのスープはラウンジで食べられました。ものすごくおいしかったです。　6. メインディシュはスズキのパピヨット。さっぱりといただけました。　7-10. チーズとフルーツ・デザートのワゴンサービスは非常に満足しました。コーヒーサービス10種類の他にホットココアみたいなのも出てきましたよ。　11-13. 朝食です。某機内食ランキング・ビジネスクラス部門ヨーロッパ1位を受賞したのがうなずける内容で非常に満足でした。

7	8	
9	10	11
12	13	

Chapter 04 / ヨーロッパ

1	2
3	4
5	

🇦🇹 オーストリア航空 ｜ ウィーン〜成田
ビジネスクラス

Date: 2010/06/26
Airline: Austrian Airlines
FlightNo: OS51
From: Vienna
To: Tokyo
Class: Business Class
情報提供：ユーイチさん

1. チキンと（何かの）タルタルサラダです。 2. スープのなかにはチーズ入りの団子みたいなのが入ってます。オーストリア料理だそうです。 3. メイン料理です（魚）。 4. デザートは、ワゴンから自由に選べました。 5. 到着前の朝食です。朝食は、搭乗時に事前に欲しい料理をリクエストしておく方式でした。

1	2
3	

オーストリア航空 ｜ ウィーン〜成田
ビジネスクラス

Date: 2010/06/26
Airline: Austrian Airlines
FlightNo: OS51
From: Vienna
To: Tokyo
Class: Business Class
情報提供：ユーイチさん

1.海老のサラダです。　2.メイン料理です（肉）。　3.目玉焼きが作りたてでアツアツでした。オーストリア航空の長距離便には実際にシェフが乗って調理しているようで、できたての機内食が味わえるのが素晴らしいです。

Chapter 04 ヨーロッパ

1
2

■ オーストリア航空 ｜ ウィーン～成田
エコノミークラス

1. 1食目です。 2. 到着2時間前の軽食（ソーセージ、オムレツ、ポテト）。味は悪くないです。

Date: 2011/11/14
Airline: Austrian Airlines
FlightNo: OS51
From: Vienna
To: Tokyo
Class: Economy Class
情報提供：ヨネさん

オーストリア航空 ｜ 成田～ウィーン
エコノミークラス

1. 牛肉とパスタ、ざる蕎麦、チョコウェハース。味は80点。ドリンクは白ワイン、赤ワイン、水割り(シーバス12年)。 2. 到着2時間前の軽食。サーモンとクリームサラダ。想像通りの味で、両方とも合格点でした。

Date: 2010/04/27
Airline: Austrian Airlines
FlightNo: OS52
From: Tokyo
To: Vienna
Class: Economy Class
情報提供：ヨネさん

Chapter 04 / ヨーロッパ

🇫🇮 フィンランド航空 ｜ 成田〜ヘルシンキ
ビジネスクラス

Date: 2011/04/17
Airline: Finnair
FlightNo: AY74
From: Tokyo
To: Helsinki
Class: Business Class
情報提供：YUUNAさん

1	2
3	4

1. ウェルカムドリンクです。　2. 前菜です。
3. メインです。　4. 2回目の機内食です。全体的に普通でした。

スカンジナビア航空
成田〜コペンハーゲン
エコノミークラス

1. 魚料理。柔らかくて味も最高。量は決して多くはない。　2. リフレッシュメント。左側のそうめんがさっぱりしていた。

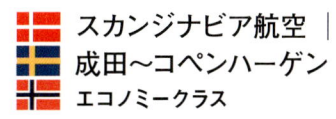

Date: 2007/03/01　　**From**: Tokyo
Airline: Scandinavian　　**To**: Copenhagen
Airlines System　　**Class**: Economy Class
FlightNo: SK984　　情報提供：tommyさん

Chapter 04 ヨーロッパ

フィンランド航空 ｜ ヘルシンキ～関西
エコノミークラス

Date: 2010/05/08
Airline: Finnair
FlightNo: AY77
From: Helsinki
To: Osaka
Class: Economy Class
情報提供：ゆきんこさん

焼肉とパスタから選択です。焼肉（甘辛味付け）、蕎麦（しかし何と麺つゆが付け忘れられていました！）、マッシュポテト（温野菜添え）、コールスローサラダ、アップルジュース、チョコクッキー、缶ビール。甘辛いタレの焼肉は付け合わせのマッシュポテトを絡めるとおいしいです。

スカンジナビア航空 ｜ コペンハーゲン～ロンドン
ビジネスクラス

Date: 2010/11/21
Airline: Scandinavian Airlines System
FlightNo: SK1517
From: Copenhagen
To: London
Class: Business Class
情報提供：ミルミルさん

2時間ほどの短いフライト。特に選択肢はなくこれ一種類のみだったのですが、北欧らしいサーモンのお料理はよく脂がのっていておいしかったです。銀色の小さな箱の中に本格的なボンボンショコラがふたつ入っていて楽しめました。

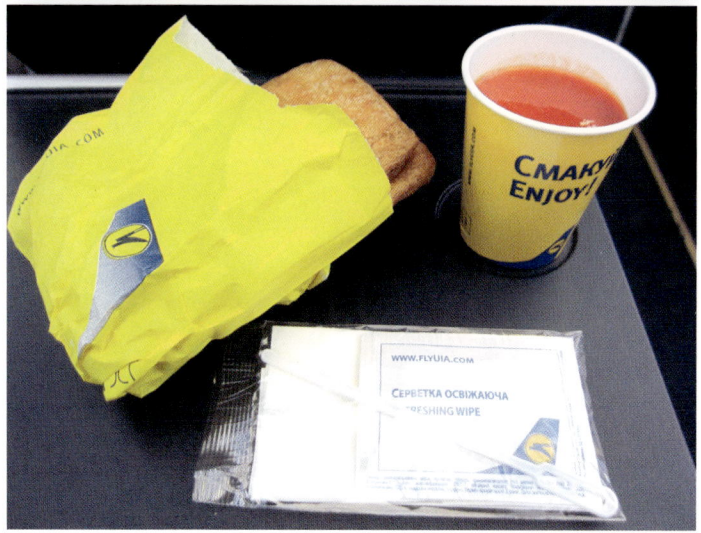

🇺🇦 ウクライナ国際航空 ｜ キエフ～ミラノ
エコノミークラス

CAさんは「サンドイッチ」と言っていましたが、パイのようなものでした。中身は肉っぽい味のするホワイトソースのようなものでしたが、見ても何が入っているのかわかりませんでした。往復とも、同じメニューでした。

Date: 2011/06/28
Airline: Ukraine International Airlines
FlightNo: PS311
From: Kiev
To: Milan
Class: Economy Class
情報提供：あしもむさん

Chapter 04 ヨーロッパ

チェコ航空 ｜ ブダペスト〜プラハ
エコノミークラス

Date: 2008/11/13
Airline: CSA Czech Airlines
FlightNo: OK787
From: Budapest
To: Prague
Class: Economy Class
情報提供：織崎 渚さん

簡素な機内食です。チーズとトマトの入ったサンドイッチとコーヒーです。

アエロフロート・ロシア航空 ｜ モスクワ〜サンクトペテルブルグ
ビジネスクラス

Date: 2011/04/21
Airline: Aeroflot Russian Airlines
FlightNo: SU857
From: Moscow
To: St.Petersburg
Class: Business Class
情報提供：Stanislavさん

以前よりボリュームがアップしたような気がしますが、味のレベルは従来通り。ビネガーソースで味付けされたチキンはおいしかったです。パプリカも甘くてとても良かったと思います。デザートのミルクアイスもおいしかったです。

アエロフロート・ロシア航空 ｜ モスクワ〜ヘルシンキ
エコノミークラス

Date: 2007/06/19
Airline: Aeroflot Russian Airlines
FlightNo: SU3660
From: Moscow
To: Helsinki
Class: Economy Class
情報提供：しろくまさん

ハム、チーズ、パンなど。グラスやフォークがカラフルです。

マルタ航空 ｜ マルタ〜アムステルダム
エコノミークラス

Date: 2008/02/22
Airline: Air Malta
FlightNo: KM394
From: Malta
To: Amsterdam
Class: Economy Class
情報提供：Akubiさん

ハム、サラミ、その下のポテト、あっさりおいしくいただきました。

Column 4

機内食工場に潜入！

一日平均すると約7000食の機内食を作っている（！）、
機内食専門の工場に特別にお邪魔させていただきました。

取材協力＝株式会社関西インフライトケイタリング　取材・撮影＝機内食ドットコム管理人 Rikiya

　最近ではレジャーとして「工場見学」が人気ですが、今回お邪魔した工場はなかなか普通は見ることができない、機内食専門工場です。

　現在、関西空港に就航しているエアラインの約半分の機内食を作っている、「関西インフライトケイタリング」にお邪魔しました。

　こちらでは約20か国、30社の航空会社に機内食を提供しています。1日平均では、なんと7000食。170名の社員スタッフを含む、計370人ほどのスタッフが働いているそうです。外国人シェフも数名おり、中には台湾の総統の専属料理人だった中華料理のシェフもいるんだとか。さまざまなエアラインの注文に対応するため、基本的に多品種・少量生産で、機長の食事なら1食から作るそうです。

　基本的にはどの航空会社もそれぞれこだわりがあって、メニューを決めるのに苦労するそうですが、やはり航空会社ランキングなどで上位にくる航空会社ほど、こだわりが強い印象だとか。

　われわれが機上で口にする機内食、どんな様子で作られているのか、早速見ていきましょう。

1. 手をよく洗い、専用の衛生的な服を着用。ローラーで髪の毛1本まで除去。　**2.** エアシャワーでホコリを吹き飛ばします。　**3.** もちろん足元も専用カバーで完璧。ちなみに、今回の工場見学取材の際には、身分証明書のコピーを事前にお送りしました。セキュリティの厳しさが印象的です。

Clean
クリーン

食品を扱う工場として、厳しい衛生管理が徹底されています。国際認証機関によるISO22000：2005（食品安全マネジメントシステム）を取得したそうです。

Cooking
調理

この会社の母体は、ロイヤルホストで知られるロイヤルグループ。「キャセイパシフィック航空 2011年 最優秀ケータラー賞 受賞」など、多くの受賞歴があります。明るく衛生的な場所でもくもくと調理や盛り付けをされていました。

1-4.肉や、野菜などの工程別に、部屋が分けられています。6-7.温度管理や調理にかける時間等、細かく決まったマニュアルに沿って調理が行われていました。近年は航空機の性能向上で、中・近距離路線では外国から日本出発の機内食も往復搭載されてくるということもあり、同業他社との競合が厳しいそうです。常に生産性・品質の向上に努めているということでした。

Dish Up
盛り付け

調理されたものを盛り付ける専用の部屋です。機内で温め直す機内食なので、食べるときに一番おいしくなるよう、パスタなら通常より短い時間でゆでるなどの工夫もされています。

1	2	3
4		5
6		7
8		

1-2. 機内食のふたにいろいろな色のマジックでチェックされていることがありますが、これが調理された曜日をあらわしているのだそうです。知らなかった！ **3-5.** いよいよ機内食っぽくなってきました。メインディッシュのソースも、手作業でひとつひとつ丁寧にかけていきます。 **6-8.** 盛り付けが済んで、ずらりと大型のワゴンに並んだ機内食たち。壮観です。

Finish
準備完了

準備を終えたら、搭載を待つのみです。ここでアルコールやソフトドリンク類も用意され、一緒に積み込まれます。

1. 搭載の順番を待つ機内食。
2. たっぷり用意されたドリンク類。さまざまな注文に応えられるよう、ここでも多くの種類が用意されていました。

1
2

Washing
洗浄

お客さんが食べ終わった食器を回収し、きれいに洗浄するのも工場の重要な役割です。

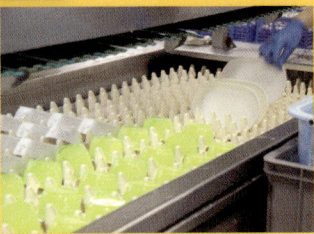

1	
2	
3	4

1-2. 食事が済んで戻ってきた機内食のカートが集められた一角です。
3-4. すべてが使い捨てをしているわけではなく、しっかり洗浄して乾燥され、次の出番を待ちます。

HALAL
ハラル

イスラム教徒用の機内食（ハラル）に関しては、調理も盛り付けも洗浄も、全て一般の機内食とは別で行われていました！

Chapter 05 アフリカ・南米

1	2
3	4
5	

🇿🇦 南アフリカ航空
ヨハネスブルグ〜サンパウロ
ビジネスクラス

Date: 2008/02/12
Airline:
South African Airways
FlightNo: SA222

From: Johannesburg
To: Sao Paulo
Class: Business Class
情報提供：いつかさん

1. パンケーキに包んだローストダック。甘めのソースで酸味強めの白ワインとぴったり。
3. ラズベリーソースのチーズケーキは自分的にはちょっと意外な味でおいしかった。
4. 2食目は焼いたチキンのスライスが前菜のメインらしいが、見た目には西洋お好み焼きが大きい。
5. 海老カレーはぷりぷりでスパイシー、日本人好みだった。

南アフリカ航空 ｜ ビクトリアフォールズ〜ヨハネスブルグ
エコノミークラス

Date: 2008/02/04
Airline: South African Airways
FlightNo: SA41
From: Victoria Falls
To: Johannesburg
Class: Economy Class
情報提供：いつかさん

ビーフガーニッシュ、グリーンサラダ、チョコレート、パン。短距離のエコノミー設定しかない路線なのに、昼時にそれなりの温かい機内食が出た。

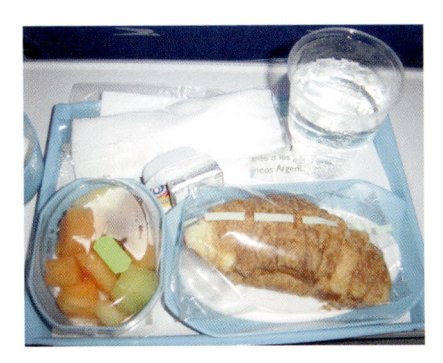

アルゼンチン航空 ｜ ブエノスアイレス〜ウシュワイア
エコノミークラス

Date: 2008/02/16
Airline: Argentinas Aerolineas
FlightNo: AR2850
From: Buenos Aires
To: Ushuaia
Class: Economy Class
情報提供：いつかさん

クロワッサン、フルーツサラダ。パンに塗るアルゼンチン名物のキャラメルペーストがコーヒーに入れてもおいしかった。

コパ航空 ｜ パナマ〜サンティアゴ
エコノミークラス

| 1 | 2 |

Date: 2008/12/20
Airline: Copa Airlines
FlightNo: CM751
From: Panama
To: Santiago
Class: Economy Class
情報提供：DBさん

中米パナマのエアラインです。時間にルーズな中米の中ではきっちりした会社で、北米・カリブ・中南米間のパナマ乗り継ぎもよく、パナマを目的地とした旅客よりも乗り継ぎ旅客が多いエアラインです。さて、今回のフライトはパナマからチリのサンティアゴまで6時間40分の中距離フライトです。昼食はパスタと牛肉からの選択でした。　**1.** パスタはそこそこの味でした。
2. 到着2時間前には、ホットピザが出ました。

121

Chapter 05 / アフリカ・南米

ラン航空 │ サンティアゴ〜イースター島
エコノミークラス

1 │ 2

Date: 2008/12/21
Airline: LAN Airlines
FlightNo: LA841
From: Santiago
To: Easter Island
Class: Economy Class
情報提供：DBさん

チリの航空会社です。チリ人は中南米の中では勤勉といわれており、とても堅実な会社です。そのドル箱路線である、サンティアゴとイースター島を結ぶ唯一の路線の機内食です。サンティアゴからのこの便は、国内線とはいっても5時間40分のフライトです。 1. 朝の便なので、朝食がホットサンドウィッチかオムレツからの選択。おいしかったです。 2. 到着前にコールドミールのサンドウィッチも出ました。

コパ航空 │ サンティアゴ〜パナマ
エコノミークラス

Date: 2008/12/30
Airline: Copa Airlines
FlightNo: CM750
From: Santiago
To: Panama
Class: Economy Class
情報提供：DBさん

6時間半のフライトです。昼食はパスタとビーフからの選択で、写真はパスタです。味付けもちょうどよく、おいしかったです。到着前にホットサンドも出ました。

ラン航空 │ サンティアゴ〜イースター島
エコノミークラス

Date: 2011/09/17
Airline: LAN Airlines
FlightNo: LA841
From: Santiago
To: Easter Island
Class: Economy Class
情報提供：ビーエスさん

朝便なのでメインはオムレツ。5時間40分の行程なので国内線にしてはしっかりしたホットミール。

1	2
3	4
5	

🇨🇱 ラン航空 ｜ ロサンゼルス〜サンティアゴ
ビジネスクラス

Date: 2008/09/27
Airline: LAN Airlines
FlightNo: LA603
From: Los Angeles
To: Santiago
Class: Business Class
情報提供：チレノさん

1. まずはウェルカムドリンク。オレンジジュースか水でしたが、オレンジ系はダメなので水を。　2. 前菜はサーモン。　3. メインは白身魚のソテーでした。白ワインとともにおいしくいただきました。　4. デザートはフルーツをチョイス。　5. ラン航空の朝食はオーダーシートに好きな物をチェックして、事前に渡しておきます。メニューは卵をチョイスしましたが、オーダーしていないパンとオレンジジュースがついてきました。オレンジジュースは要らなかったのに……。

Chapter 05 / アフリカ・南米

🇨🇱 ラン航空 ｜ イースター島〜サンティアゴ
エコノミークラス

Date: 2008/12/23
Airline: LAN Airlines
FlightNo: LA842
From: Easter Island
To: Santiago
Class: Economy Class
情報提供：DBさん

イースター島からサンティアゴまでの便です。4時間40分の午後発のフライトです。昼食はサーモンとパスタからの選択でした。どちらもおいしかったです。

🇨🇷 LACSA航空 ｜ サンホセ〜ロサンゼルス
ビジネスクラス

Date: 2009/03/05
Airline: Lineas Aereas Costarricenses S.A.
FlightNo: LR604
From: San Jose
To: Los Angeles
Class: Business Class
情報提供：ういっきさん

搭乗便はラクサ航空でしたが、出発カウンター、使用機材、CAから紙コップと何から何まで親会社のタカ航空のものを使用していました。LR604は夕方便で、サーブされたのは夕食です。写真を撮った後においしいパンも出てきました。

ロイヤル・エア・モロッコ航空 ｜ カサブランカ～チュニス
エコノミークラス

朝食ということで少なめでした。炭水化物ばかりでした。パサパサした感じです。

Date: 2010/02/27　　**From:** Casablanca
Airline: Royal Air Maroc　　**To:** Tunis
FlightNo: AT570　　**Class:** Economy Class
情報提供：あっきーさん

Chapter 05 / アフリカ・南米

1	2
3	4

🇪🇬 **エジプト航空** ｜ **カイロ～ミュンヘン**
ビジネスクラス

Date: 2008/12/03
Airline: EgyptAir
FlightNo: MS787
From: Cairo
To: Munich
Class: Business Class
情報提供：パンダパパさん

1. 飲み物のサービス。エジプト航空はアルコールがないのでコーラです。　**2.** 前菜は、スモークサーモンと海老、チーズとドライフルーツ、フレッシュチーズときゅうり＆トマトのサラダです。　**3.** メインコースはビーフステーキ、マッシュポテト添えです。　**4.** デザートはタルト3種とコーヒーです。カイロからミュンヘンのフライトは約4時間で、機材は737NGですが、ちゃんとした機内食が出ます。GOODでした。

エジプト航空 ｜ 関西～カイロ
エコノミークラス

Date: 2010/07/29
Airline: EgyptAir
FlightNo: MS963
From: Osaka
To: Cairo
Class: Economy Class
情報提供：レナミちゃん

見た目はなかなか親子丼ですが、味はまぁまぁいけました。濃い目。桃の饅頭もまぁまぁです。

エジプト航空 ｜ カイロ～イスタンブール
エコノミークラス

Date: 2010/08/01
Airline: EgyptAir
FlightNo: MS737
From: Cairo
To: Istanbul
Class: Economy Class
情報提供：レナミちゃん

チキンとビーフのうちのチキンです。多分これは胸肉でパサパサしてます。なかなかスパイシーな味付けでした。でも、チキンの下のマカロニに味がなかったので、添付の塩と胡椒をかけました。

ロイヤル・エア・モロッコ航空 ｜ マドリード～カサブランカ
エコノミークラス

Date: 2011/08/18
Airline: Royal Air Maroc
FlightNo: AT971
From: Madrid
To: Casablanca
Class: Economy Class
情報提供：honeycakeさん

機内の放送がアラビア語、フランス語のみ。機内食の味は、普通でした。

エジプト航空 ｜ カイロ～アテネ
ビジネスクラス

Date: 2010/08/07
Airline: EgyptAir
FlightNo: MS747
From: Cairo
To: Athens
Class: Business Class
情報提供：Matsuさん

チキンを選びました。今回のチキンはとてもジューシーで、おいしかったです。

Chapter 05 / アフリカ・南米

1	2
3	4
5	

ケニア航空 │ ナイロビ〜ロンドン
ビジネスクラス

Date: 2011/04/01
Airline: Kenya Airways
FlightNo: KQ4140
From: Nairobi
To: London
Class: Business Class
情報提供：gehararigoさん

アフリカの航空会社では、評判が高いので乗ってみました。
1. 朝8時発なのでまずは、朝食。 2. 昼食は燻製ハムつきのサラダ。 3. 主菜はステーキを選択。 4. チーズと果物。 5. クリームリカーと紅茶を楽しみました。

128

🇲🇬 マダガスカル航空 ｜ アンタナナリボ〜バンコク
ビジネスクラス

Date: 2011/05/09
Airline: Air Madagascar
FlightNo: MD81
From: Antananarivo
To: Bangkok
Class: Business Class
情報提供：タロチンさん

メニューには「Fillet of rabbit encased spiced pastry vegetable tenderloin of ebu served with green peppercorn sauce and vegetable」とありました。

1. 美しすぎるフォルム。こんなポットで食後のお茶が飲みたい。／Lufthansa × TeeGschwendner 00's "First Class" ティーポット 12,000円 (税込)
2. クジラの形のせんぬき。／スカンジナビア航空 60's ボトルオープナー 16,800円 (税込)
3. アリタリア航空のファーストクラスで使われていた食器セット／アリタリア航空 70's ファーストクラス ディナーセット 39,800円 (税込)
4. 機内食で使われているタイプのステンレス製カトラリー。ナイフ、フォーク、スプーン、スモールスプーン、スモールフォークのセット／977円 (税込)
5. KLMオランダ航空の象徴でもある "DELFT BLUE HOUSE" をかたどったソルト＆ペッパーセット。／KLMオランダ航空 00's プロモーションアイテム 3,600円 (税込)
6. ファースト＆ビジネスクラス気分を味わえるグラス。／(左から) キャセイパシフィック

1	2
3	4

Column 5

飛行機に乗らなくても買える!?
機内食関連の食器たち

ビジネスクラスやファーストクラスで使われていた機内食用の食器などを集めてみました。

撮影＝大下 正人

5	6
7	8

航空　70's ファーストクラス・ワイングラス　3,800円（税込）／アリタリア航空　70's ファーストクラス・ワイングラス　8,500円（税込）／パンナム　70's ファーストクラス・ロックグラス　4,500円（税込）／ユナイテッド航空　2011年　ビジネスクラス・ワイングラス　2,600円（税込）　**7.** KLMオランダ航空のビジネスクラスで使われていた食器セット／KLMオランダ航空　00's "World Business Class" コーヒーカップ＆ソーサー、キャセロールディッシュセット　8,800円（税込）／KLMオランダ航空　00's "KLM Europe Select" クラス・デミタスカップ　3,800円　**8.** イベリア航空カーゴ　00's プロモーション用のマグカップ　5,800円（税込）（1から8まで　ハタゴ・インターナショナル。4 松原銀ボタン屋）

ヴィンテージエアライングッズ専門店
ハタゴ・インターナショナル

1950年代から現代までのヴィンテージを中心としたエアライングッズを販売しているハタゴ。中目黒に実店舗をかまえ、航空機内で実際に使用されていた食器やプロモーションアイテム、バッグなどが所狭しと並びます。店内のBGMは、空港のアナウンス（！）。ウェブサイトでも購入可能です。（売り切れの場合もあります）

東京都目黒区上目黒1-2-9 ハイネス中目黒105
TEL 03-3716-6270
営業時間 13:00 - 20:00　**定休日** 火曜日
http://www.hatago-international.com/

ステンレス食器が充実
松原銀ボタン屋

金属洋食器で有名な新潟県燕市のネットショップ。機内食で使われているタイプのステンレス製カトラリー（スプーン、ナイフ、フォークなど）が購入できます。30～40年前、北欧の航空会社から燕市に、このタイプのカトラリーの大量注文が入っていたそうです。

新潟県燕市殿島1-7-48
TEL 0256-66-3702
http://www.matubara.com/

Chapter 06 特別機内食

🇮🇹 アリタリア航空 ｜ 成田〜ローマ
エコノミークラス

Date: 2009/09/25
Airline: Alitalia
FlightNo: AZ785
From: Tokyo
To: Rome
Class: Economy Class
情報提供：もこさん

これは、ハネムーンミールです。しばらく日本を離れる前に、お寿司を食べられて良かったです。ケーキがハートの形をしています。

🇺🇸 ノースウエスト航空 ｜ 関西〜ホノルル
エコノミークラス

Date: 2009/11/14
Airline: Northwest Airlines
FlightNo: NW314
From: Osaka
To: Honolulu
Class: Economy Class
情報提供：えみりあんさん

一食目はハネムーン特別食が用意されていました。メニューがなかったのでお料理名がわかりませんが、ハートモチーフがあってかわいい機内食でした。

オーストリア航空｜ウィーン〜パリ
ビジネスクラス

Date: 2010/05/04
Airline: Austrian Airlines
FlightNo: OS417

From: Vienna
To: Paris
Class: Business Class
情報提供：タッチさん

1. 特別機内食（ベジタリアンミール）です。メインは、ほうれん草のパスタ。意外とあっさりしていて美味しくいただきました。パンやワインもサーブされましたが遠慮しました。　2. コーヒーを頼んだら、500mlは入ってそうな大きな容器で！約2時間のフライトですが、普通の食事サービスで驚きました。（乗り継ぎの時間があったので、搭乗前ラウンジで軽く飲食したのは失敗でした）。

Chapter 06 / 特別機内食

🐉 ドゥルク航空 ｜ バンコク〜パロ
エコノミークラス

Date: 2011/07/20
Airline: Druk Air
FlightNo: KB141
From: Bangkok
To: Paro
Class: Economy Class
情報提供：goasiaさん

特別機内食（ノンベジタリアン）をチョイス。かなり充実した内容の朝食。

🔴 ANA（全日空） ｜ 羽田〜バンコク
エコノミークラス

Date: 2011/01/13
Airline: All Nippon Airways
FlightNo: NH173
From: Tokyo
To: Bangkok
Class: Economy Class
情報提供：goasiaさん

特別機内食　AVML（アジアン・ベジタリアンミール）です。到着1時間半前位に提供。カレーに味噌汁は合いません（笑）。

タイ国際航空 ｜ ダッカ〜バンコク
エコノミークラス

Date: 2009/01/09
Airline: Thai Airways
FlightNo: TG322
From: Dhaka
To: Bangkok
Class: Economy Class
情報提供：タカサーさん

特別機内食（ヒンドゥーミール）です。タイ航空の支店で、信者でなくても宗教食を頼んでいいと言われたので、リクエストしました。インドカレーが大好きな私にとっては、満足できるものでした。周りの人が食べているものより、フルーツとデザートが少しだけ豪華に感じました。

タイ国際航空 ｜ コルカタ〜バンコク
エコノミークラス

Date: 2009/06/05
Airline: Thai Airways
FlightNo: TG314
From: Kolkata
To: Bangkok
Class: Economy Class
情報提供：タカサーさん

特別機内食（ムスリムミール）です。イスラム教徒向けの機内食をリクエストしました。ワイングラスが付いてこないのは、宗教上の理由だからでしょうか？ けれど、頼めばアルコールは飲めました。

エールフランス ｜ パリ〜成田
エコノミークラス

Date: 2009/10/13
Airline: Air France
FlightNo: AF276
From: Paris
To: Tokyo
Class: Economy Class
情報提供：しばちゅうさん

特別機内食（糖尿病食）です。メインは、蒸した白身魚とライスでした。薄味ですが、塩と胡椒をかけるとちょうど良かったです。デザートの豆乳プリンがメチャおいしかったです。

Chapter 06 特別機内食

🇯🇵 ANA（全日空） ｜ 成田〜香港
エコノミークラス

Date: 2010/04/30
Airline: All Nippon Airways
FlightNo: NH909
From: Tokyo
To: Hong Kong
Class: Economy Class
情報提供：JOHさん

特別機内食（イスラムミール）です。通常のミールよりもおいしいです。

🇯🇵 ANA（全日空） ｜ 成田〜シカゴ
エコノミークラス

Date: 2011/07/28
Airline: All Nippon Airways
FlightNo: NH12
From: Tokyo
To: Chicago
Class: Economy Class
情報提供：Fighting Badgerさん

特別機内食（イスラムミール）を選びました。ショップカードが入っていて、ディナー（1食目）はRoyal（ロイヤルホスト）のものでした。肉とキノコの煮込みで、とても柔らかく煮てありました。

🇺🇸 デルタ航空 ｜ 上海〜成田
エコノミークラス

Date: 2011/07/12
Airline: Delta Airlines
FlightNo: DL296
From: Shanghai
To: Tokyo
Class: Economy Class
情報提供：朴さん

特別機内食（ユダヤ教徒の機内食・コーシャミール）です。白身魚のソテー、クリームパスタ、パン、クラッカー、サーモンとオリーブのサラダ、フルーツ、酸味の強いケーキのようなもの、チョコレート。普通の機内食よりずっとおいしかったです^^

1

2

● JAL（日本航空）
フランクフルト〜成田
エコノミークラス

Date: 2011/02/06
Airline: Japan Airlines
FlightNo: JL408

From: Frankfurt
To: Tokyo
Class: Economy Class
情報提供：じゅんさん

特別機内食（低カロリーミール）です。濃い目の味付けが苦手なので、薄味を期待してこれをお願いしました。思った通りのものが出てきて良かったです。また、特別食だと最初に持ってきてくれるので、食事ペースが遅い私にはありがたいです。 1. 一食目のメインは白身魚。 2. 二食目はチキン。二食目のチキンと野菜のソテーの味付けが良く、とてもおいしくいただきました。

Chapter 06 / 特別機内食

1	3
2	

🇺🇸 **ユナイテッド航空** │ **成田〜サンフランシスコ**
エコノミークラス

Date: 2011/09/11
Airline: United Airlines
FlightNo: UA838
From: Tokyo
To: San Francisco
Class: Economy Class
情報提供：りゅうさん

特別機内食（ローカロリーミール）です。 **1.** 夕食です。前菜：サラダ（ドレッシングなし　レモン汁）／メイン：チキン（胸肉）の蒸し焼きに蒸し野菜／パン／デザート：ビスケット（ローカロリー）　ちなみに、通常食（夕食）は、牛肉（ビビンバ）／チキン（トマトソース煮込み）だったようです。 **2.** 朝食です。オムレツ温野菜添え。夕食・朝食ともヘルシーで意外においしかったです。 **3.** 少し物足りなかったので、同乗者の通常の朝食もいただきました。オムレツ、ソーセージ／ハッシュドポテトでした。

1	3
2	

🇱🇦 ラオス国営航空 ｜ バンコク〜ルアンプラバン
エコノミークラス

Date: 2011/09/24
Airline: Lao Airlines
FlightNo: QV643
From: Bangkok
To: Luang Prabang
Class: Economy Class
情報提供：チェンマイツアー野郎さん

特別機内食です。2時間のフライト。ラオス航空の機内食はおいしいパンとケーキかお菓子が出るのが常なので、ラオスのビール・ビアラオとおいしくいただくためシーフードミール（SFML）をリクエストしておきました。中には……フルーツが入っておりました。CAさんに「シーフードミール、あなたの注文ですね？」って確認されたのに。タグにも名前と「SFML」って書かれていたのにも関わらず。でもおいしくいただきました。

Chapter 06 / 特別機内食

● JAL（日本航空）｜ 羽田～パリ
エコノミークラス

Date: 2011/02/03
Airline: Japan Airlines
FlightNo: JL41
From: Tokyo
To: Paris
Class: Economy Class
情報提供：じゅんさん

特別機内食（フルーツミール）です。一食目の前に軽食の配布もあり、その時はみかんをひとついただきました。まるでお駄賃をくれるような感じで、CAさんが私の手のひらの上にポンとみかんを置いたので、なんかおかしくなってきてちょっと笑ってしまいました。見るとCAさんも苦笑していました（^^;）。

● JAL（日本航空）｜ 中部～台北
ビジネスクラス

Date: 2009/11/28
Airline: Japan Airlines
FlightNo: JL655
From: Nagoya
To: Taipei
Class: Business Class
情報提供：uutanさん

特別機内食（低カロリー食）です。赤身の肉を期待していましたが、魚＋魚で外れてしまいました。メインの味付けはおいしかったです。

🇺🇸 デルタ航空　|　グアム〜関西
エコノミークラス

Date: 2010/08/15
Airline: Delta Airlines
FlightNo: DL291
From: Guam
To: Osaka
Class: Economy Class
情報提供：DBさん

チャイルドミールです。

🇺🇸 デルタ航空　|　関西〜グアム
エコノミークラス

Date: 2010/08/05
Airline: Delta Airlines
FlightNo: DL294
From: Osaka
To: Guam
Class: Economy Class
情報提供：Kanataroさん

特別機内食（チャイルドミール）です。チャイルドミールのスパゲッティは子どもには好評でした。

Chapter 06 特別機内食

🇺🇸 デルタ航空 ｜ グアム〜関西
エコノミークラス

Date: 2010/08/09
Airline: Delta Airlines
FlightNo: DL291
From: Guam
To: Osaka
Class: Economy Class
情報提供：Kanataroさん

特別機内食（チャイルドミール）です。チャイルドミールは往路と同じくスパゲッティ。でも、味は違っていました。

🇺🇸 デルタ航空 ｜ 成田〜ホノルル
エコノミークラス

Date: 2010/08/13
Airline: Delta Airlines
FlightNo: DL624
From: Tokyo
To: Honolulu
Class: Economy Class
情報提供：エースのジョーさん

特別機内食（チャイルドミール）です。子どもの食べ残しを食べてみたら、なかなかおいしかったです。

🇯🇵 JAL（日本航空）｜ 成田〜広州
ビジネスクラス

Date: 2010/08/15
Airline: Japan Airlines
FlightNo: JL855
From: Tokyo
To: Guangzhou
Class: Buisness Class
情報提供：Activaさん

9：40発、4時間強のフライトでの、特別機内食（チャイルドミール）です。子ども用メニューは見た目も子どもが興味を持つようカラフルになっており、味もおいしかったそうです。

🇯🇵 JAL（日本航空）｜ 広州〜成田
エコノミークラス

Date: 2010/09/30
Airline: Japan Airlines
FlightNo: JL856
From: Guangzhou
To: Tokyo
Class: Economy Class
情報提供：Activaさん

14：40発4時間弱のフライトです。特別機内食（チャイルドミール）です。オムライス、ヨーグルト、フルーツ、ケーキ。味を子どもに聞くと「普通」と言っていました。

お問い合わせについて

本書に関するご質問や正誤表については
下記のWebサイトをご参照ください。

　　出版物Q&A　　　http://www.shoeisha.co.jp/book/qa/
　　正誤表　　　　　http://www.shoeisha.co.jp/book/errata/

インターネットをご利用でない場合は、
FAXまたは郵便で下記にお問い合わせください。
　宛先　　　〒160-0006　東京都新宿区舟町5
　　　　　　　（株）翔泳社 愛読者サービスセンター
　FAX番号　　03-5362-3818
　電話でのご質問はお受けしておりません。

※本書に記載された情報、URL等は予告なく変更される場合があります。

※本書の出版にあたっては正確な記述につとめましたが、著者や出版社などのいずれも、本書の内容に対してなんらかの保証をするものではありません。

※本書に記載されている会社名、製品名はそれぞれ各社の商標および登録商標です。

※本書は、投稿サイト「機内食ドットコム」に投稿された写真とその感想を、投稿者のご了承を得て掲載しているもので、各航空会社による公式の機内食ガイドではありません。

※掲載の情報は、各投稿者の搭乗時点のものです。個別の内容について航空会社へのお問い合わせはご遠慮ください。

※本書のデザインのワンポイントとして掲載している国旗マークは外務省の表記に準拠しております。

Profile
機内食ドットコム Rikiya

1973年大阪生まれ。大学卒業後、旅行社に就職。高校時代にイギリスに留学したのをきっかけにヨーロッパの魅力にはまる。2003年にブログをいち早く採用し、数々の人気サイトを構築。年間2,000万PV以上を誇る人気ブロガーのひとりとして数多くの新聞、雑誌、TVなどのメディアにも登場している。
「機内食ドットコム〜機上の晩餐」
http://www.kinaishoku.com/

※印税の一部は東日本大震災で被災された方々への義援金として寄付させていただきます。

みんなの機内食

2012年6月 1日　初版第1刷発行
2012年6月25日　初版第2刷発行

著者	機内食ドットコム Rikiya
発行人	佐々木 幹夫
発行所	株式会社翔泳社
	(http://www.shoeisha.co.jp)
印刷・製本	凸版印刷株式会社

©2012 kinaishoku.com Rikiya
ISBN978-4-7981-2559-6　Printed in Japan.

本書は著作権法上の保護を受けています。本書の一部または全部について、株式会社 翔泳社から文書による許諾を得ずに、いかなる方法においても無断で複写、複製することは禁じられています。

本書へのお問い合わせについては、143ページに記載の内容をお読みください。

落丁・乱丁はお取り替えいたします。03-5362-3705までご連絡ください。

Cover & Barcode Design
デザインバーコード株式会社

Honbun Design
米倉 英弘、若井 夏澄
(細山田デザイン事務所)

Edit
本田 麻湖

DTP
杉江 耕平

Photo (P130-131)
大下 正人

Special Thanks
株式会社関西インフライトケイタリング、株式会社トライストーン・エンタテイメント、ハタゴ・インターナショナル、松原銀ボタン屋、readymade entertainment inc.、†BAN†、Activa、Akiko、Akubi、CaptainStone、Carlos、Catpochi、CO、DB、Donmai、ENVIRO 500、Fighting Badger、Geherarigo、goasia、harabo、honeycake、J.KK、JOH、Katje、Kanataro、kitoichi、kohei、KONDITOREI、Iopaka、Matsu、Ma、MORI、namnam、naoki、OBU、Osakaboy、Q太郎、REI、Sabot、Shenmi、Shin02、Stanislav、takeshin、tanikaze2007、Tiger、TK、tommy、TOMOKO、TOM、uutan、wako、Wakurin、yakara、ytaya、yukari、YUUNA、zeallll、あけみ、あしもむ、足立のジョー、あっきー、いつか、ういっき、梅さん、エースのジョー、えみりあん、織崎 渚、貝太郎、かずちん、ギリギリちゃん、くきわかめ、こふこふ、ゴロ、サトピー、シケタ、しばちゅう、しゅうとく、じゅん、しろくま、すしまる、タカサー、タッチ、旅人、タロチン、チェンマイツアー野郎、ちょちょき、チレノ、にゃぷ〜ん、ノブマユ、ぱーしー、朴、パパ、ハマトラ、パンダパパ、ぱんちゃん、ビーエス、ブースカn、ぷいぷい、ボンコレ、マイぺんらい、まさ、ミルミル、もこ、やま、ユーイチ、ゆきんこ、湯豆腐、ヨッシー、ヨネ、リキ、りゅう、レナミちゃん、ローソン、わかめ (敬称略)

Cover Photo
goasia (P134／ドゥルク航空)
OBU (P101／アリタリア航空)